本书受以下课题的资助：

- 国家自然科学基金青年项目"农村承包土地经营权抵押贷款信用风险生成机理及分担机制研究"（编号：71903141）
- 教育部人文社会科学研究项目"'银保担'合作的农地经营权抵押贷款模式优化及配套制度创新研究——基于风险分担视角"（编号：18YJC790125）
- 四川省教育厅项目"基于互联网技术的农村金融服务平台构建及应用研究——以成都市'农贷通'为例"（编号：035Z2248）
- 中国博士后科学基金会第65批面上资助西部地区博士后人才资助计划"产权管制下的农地抵押贷款信用风险度量及控制研究"（编号：2019M653834XB）

新时代"三农"问题研究丛书

政府主导型农村数字金融服务模式
运行机理、成效及创新研究

ZHENGFU ZHUDAOXING NONGCUN SHUZI JINRONG FUWU MOSHI
YUNXING JILI、CHENGXIAO JI CHUANGXIN YANJIU

彭艳玲 等 ○ 著

西南财经大学出版社
Southwestern University of Finance & Economics Press
中国·成都

图书在版编目(CIP)数据

政府主导型农村数字金融服务模式运行机理、成效及创新研究/彭艳玲等著
. —成都:西南财经大学出版社,2022.6
ISBN 978-7-5504-5362-3

Ⅰ.①政… Ⅱ.①彭… Ⅲ.①数字技术—应用—农村金融—商业服务—研究—中国 Ⅳ.①F832.35

中国版本图书馆 CIP 数据核字(2022)第 087673 号

政府主导型农村数字金融服务模式运行机理、成效及创新研究
彭艳玲　等著

责任编辑:何春梅
责任校对:肖翀
封面设计:何东琳设计工作室
责任印制:朱曼丽

出版发行	西南财经大学出版社(四川省成都市光华村街55号)
网　　址	http://cbs.swufe.edu.cn
电子邮件	bookcj@swufe.edu.cn
邮政编码	610074
电　　话	028-87353785
照　　排	四川胜翔数码印务设计有限公司
印　　刷	四川煤田地质制图印刷厂
成品尺寸	170mm×240mm
印　　张	17.5
字　　数	206 千字
版　　次	2022 年 6 月第 1 版
印　　次	2022 年 6 月第 1 次印刷
书　　号	ISBN 978-7-5504-5362-3
定　　价	88.00 元

编委会名单

前言

　　金融作为现代经济的核心资源，在服务乡村振兴战略实施过程中具有基础支撑地位，并发挥引导杠杆作用。近年来，我国一直在推进农村金融供给侧结构性改革，试图通过金融组织和服务创新，推动农村普惠金融进程，解决农业农村发展中面临的"融资难、融资贵"和金融机构"贷款难、贷款成本高"以及农村金融服务"最后一公里"的问题。

　　相较于传统金融，因打破时空限制、交易成本低、降低信息不对称、突破实物资产抵押限制、线上线下相结合的高效审核与增信方式等优势，数字金融受到众多银行"长尾客户"青睐，呈现出显著的"草根"特征，成为普惠金融的重要着力点，有效提高了金融资源的配置效率。近些年，村村乐、新希望集团、大北农集团、蚂蚁集团、京东金融、宜信贷等数字金融服务平台或组织迅速发展，并逐渐渗透至农村的各个领域。然而，这些数字金融服务模式"野蛮式"的发展也带来诸多问题，如过度开发客户信息带来的隐私侵犯和数据归属权问题；互联网技术由接入鸿沟转为使用鸿沟，农村居民对信息技术的使用能力不足；互联网金融行业集中度过高，无法完成数据共享，更难以实现跨平台构建及数据管理，导致无法完成统一的征信体系建设。相较于既有的市场主导型数字金融服务平台，政府主导的综合性数字金融服务平台不仅能实现市场主导型数字金融服务平台的功能，亦能通过三级服务站建设，构建完整的农村征信体系机制，整合农村产权交易体系，引入财政金融资源分担风险，从根源上解决农村金融市场供需信息不对称、交易成本居高不下、金融资源和信息分散、资源匹配效率低、风险管控能力弱以及对线下金融服务过度依赖等问题。更重要的是，通过打造超级互联网金融平台，政府主导的综合性数字金融服务平台能够实现多元化金融产品、多类型金融机构和多样化需求客户的有效对接，重塑新的竞争格局，初步实现"农业产业+互联网+金融"的跨界融合发展，形成空前的复杂而富有生命力的农村金融生态圈。

鉴于此，首先，本书以成都市"农贷通"政府主导型数字金融服务平台为研究对象，在系统梳理数字金融相关文献的基础上，界定政府主导型数字金融服务平台的概念，依据金融功能理论、"二次脱媒"等理论，分析我国农村数字金融发展过程中市场主导型服务模式的现状与存在的主要问题，提出政府主导型农村数字金融服务模式发展的逻辑起点、理论依据以及现实需求。其次，本书以成都市"农贷通"为例，介绍政府主导型数字金融服务模式的构建机理、构成要素、功能与定位、配套制度以及产品，分析平台的应用现状及特征，并对该平台应用的满意度进行评价，测算平台的运行效率，分析平台运行的风险及可行的监管措施。再次，对国外具有代表性的数字金融服务平台进行介绍，总结并借鉴其经验。最后，针对政府主导型农村数字金融创新发展应用实践，探讨其创新及发展前景。

通过上述研究，本书形成如下结论：

第一，从"农贷通""一个平台、三级管理、县县互通、市县互通"的运行思路看，平台结合供需对接机制、多元融资实现机制、贷款损失风险分担机制、基层服务站综合服务机制，通过信息流、资金流、服务流，可有效形成农业农村资金投入可持续增长机制，推进当地的信用体系建设，拓宽农村地区筹集资金的渠道，盘活农村各类资源，加快农业产业化、规模化以及现代化经营。

第二，从应用现状看，"农贷通"借助互联网实现快速发展，可有效降低因信息不对称带来的交易成本，大大提高金融资源的供需匹配效率，并获得用户较高的满意度评价。

第三，从"农贷通"在样本地区运行的整体效率看，"农贷通"运行效率整体水平偏低，存在较大改进空间，且不同样本地区间差异显著。所以，下一阶段不同地区在运行"农贷通"的过程中，需要采取差异化策略进行改进。

第四，从调整前后规模报酬变动情况看，不同地区对于"农贷通"的推广应用和重视程度不同，导致各地区通过该平台发放贷款形成的规模效应呈现出显著的差异性。"农贷通"在大多数地区的应用中存在金融要素投入不足问题，仍需要更长时间将其推广到更大范围，进而发挥平台发放贷款的规模效应。

第五，本书认为政府主导型农村数字金融服务模式存在网络安全风险、信息技术风险、信用风险、操作风险、垄断风险、系统性风险以及政策与法律风险等多元风险，需要从多方面对其进行监管。

第六，国外的第三方支付平台，在资金转移便捷性、渠道覆盖、安全性和消费者保护权益、风险管理能力等方面更具有优势；而众筹平台在用户参与度、信息透明度、客户黏性、监督、盈利性等方面具有显著的优势。这些均对我国数字金融服务平台的发展具有借鉴意义。

第七，政府主导型农村数字金融服务模式存在成本高、可持续发展能力不足、定位不清晰、村级服务站运营模式尚不成熟、专业人才队伍建设不足、数字生态环境建设不足等主要问题。当前，平台经济的迅速发展、数字乡村建设、乡村要素市场培育以及普惠金融发展均为"农贷通"的推广与发展带来了重要的机遇。此外，本书认为可从平台功能创新、多元金融服务融合、村站运行模式市场化、协同多元平台联动等方面开展创新研究。

据此，本书从加快数字基础设施建设，构建普惠金融数字生态圈；强化多元服务融合，拓展金融服务广度与深度；加强数字金融市场监管和消费者保护，降低风险损失等方面提出政策建议，以提高政府主导型农村数字金融服务质量和模式运行效率，进而更有效地服务于现代农业和乡村全面振兴。

彭艳玲

2022 年 5 月

目录

1 导论

1.1 研究背景

金融作为现代经济的核心资源，在服务乡村振兴战略实施过程中具有基础支撑地位，并发挥引导杠杆作用。在实现共同富裕和乡村全面振兴目标的要求下，围绕农业农村优先发展原则，探索构建适合农业生产经营、农村经济发展以及农民生活改善目标的现代农村金融体系，满足农业变强、农村变美、农民变富的多样化金融需求，是新时代下实现农村金融新的历史使命和肩负社会普惠责任的必然选择。近年来，中国一直在推进农村金融供给侧结构性改革。中央和地方政府试图通过创新金融组织和服务，构建与完善多层次的金融服务体系，推动农村普惠金融进程，解决农业农村以及农民发展中面临的"融资难、融资贵"和金融机构"贷款难、贷款成本高"以及农村金融服务"最后一公里"的问题。

近十年来，快速发展与广泛应用的数字技术，为数字金融①的兴起和发展提供了强大的技术支撑。此外，庞大而坚实的网络、终端、用户和应用基础亦为数字金融的快速扩张创造了良好的条件。相较于传统金融，因打破时空限制、交易成本低、降低信息不对称、突破实物资产抵押限制、线上线下相结合的高效审核与增信方式等优势，数字金融受到众多银行"长尾客户"青睐，呈现出显著的"草根"特征，成为普惠金融的重要着力点，有效提高了金融资源的配置效率（李继尊，2015；罗兴等，2018；何大安，2018）。在数字中国发展背景下，数字金融迅速渗透至农业生产、农民生活以及农村经济社会发展领域，并已初步形成三农服务商（如村村乐、新希望集团、大北农集团、伊利）、互联网电商平台（如蚂蚁金服、京东金融）及 P2P 网络借贷平台（如旺农贷、翼龙贷、宜信贷）三类市场主导型金融互联网服务平台模式。此外，部分传统涉农金融机构也在大力发展基于手机银行和电子商务的涉农金融业务。

作为一种技术手段，首先，互联网应用虽有效地突破了传统金融的服务理念和模式，但并未从根本上解决信任问题（陈志武，2014），缺乏实质性创新（安佳等，2016），且金融天然具有逐利性。

---

① 数字金融泛指传统金融机构与互联网公司利用数字技术实现融资、支付、投资和其他新型金融业务模式（黄益平、黄卓，2018）。该概念与中国人民银行等十部委定义的"互联网金融"（传统金融机构与互联网企业利用互联网技术与信息通信技术实现资金融通、支付、投资和提供信息中介服务的新型金融业务模式）以及金融稳定理事会（Financial Stability Board）定义的"金融科技"（通过技术手段推动金融创新，形成对金融市场、机构及金融服务产生重大影响的商业模式、技术应用、业务流程和创新产品）基本相似（黄益平、黄卓，2018；陈胤默等，2021；张龙耀、刑朝辉，2021）。不过，相较于互联网金融与金融科技两个概念，数字金融更偏中性，所涵盖的范围也更宽泛（黄益平、黄卓，2018）。因此，本书不对数字金融和互联网金融、金融科技进行区分，统一使用数字金融进行论述。

近十年来，数字金融"野蛮式"发展带来诸多问题。例如，P2P 行业暴雷现象频发，存在过度开发客户信息，侵犯客户隐私和客户数据归属权不明等问题，P2P 行业潜藏重大风险隐患，且监管难度较大。其次，互联网金融虽激活了个人无形资产，但渗透农村地区的数字金融发展不能忽视农村居民市场交易和信用信息缺乏及土地作为农民重要资产的事实。尤其是在农村土地"三权分置"改革的大背景下，农地产权交易成为顺应农业适度规模经营，发展新型农业经营主体，提升用地效率的必然趋势。"人动–地动–钱动"农村三大要素市场关联互动带来了巨大的经济驱动效应（苏岚岚、孔荣，2018）。再次，农村地区信息技术基础设施的可接入条件仍然欠缺，农村居民对信息技术的使用能力不足（DiMaggio et al.，2004）。农村数字金融发展仍面临金融有无和覆盖率等问题，亟须建立和完善相应的网络、数据等硬件基础设施，推动普惠金融进程。此外，数字金融行业集中度过高，无法完成数据共享，更难以实现跨平台构建及数据管理，导致无法完成统一的征信体系建设。

相较于既有的市场主导型数字金融服务平台，政府主导的综合性数字金融服务平台不仅能实现一般数字金融服务平台的功能，亦能通过三级服务站的建设，建立完整的农村征信体系机制，整合农村产权交易体系，引入财政金融资源分担风险机制，从根源上解决农村金融市场供需信息不对称、交易成本居高不下、金融资源和信息分散、资源匹配效率低、风险管控能力弱以及对线下金融服务过度依赖等问题。并且，通过打造超级互联网金融平台，政府主导的综合性数字金融服务平台能够实现多元化金融产品、多类型金融机构和多样化需求客户的有效对接，重塑新的竞争格局，初步实现

"农业产业+互联网+金融"的跨界融合发展，形成空前的复杂而富有生命力的农村金融生态圈。

成都市是全国首个获批开展农村金融服务综合改革试点的副省级城市。2015年7月以来，成都市立足于领先全国的农业农村改革基础，聚焦农村金融服务中的痛点和难点问题，探索构建了以政府为主导的，集"财金政策、普惠金融、产权交易、信用体系、风险分担、信息共享、资金汇聚、现代服务"为一体的"农贷通"数字金融服务综合性融资平台（李波，2018）。2017年7月，该平台在成都市辖内15个县（区/市）已实现全面运行。截止于2021年12月，已有75家金融机构和组织入驻"农贷通"平台。该平台发布了748款金融产品，已入库项目2 511个，已采集416 039户农业经营主体信息，累计受理25 165笔贷款，共计404.52亿元；实际放款22 772笔，共计发放352.76亿元，户均贷款金额为154.91万元[1]。平台已于2021年12月15日由"农贷通"升级为"农贷通·四川农村金融保险服务平台"，进而与四川省搭建的其他六大平台共同服务全四川省的乡村振兴。[2][3]

"农贷通"以财政金融政策互动为引导，有效构筑了联通农村金融供给侧与需求侧的重要桥梁，实现了"让信息多跑路，农户少跑路或不跑路"的目标，加快推动了普惠金融进程，也为有效形成金融支农风险缓释机制探索出一条闭环路径。那么，相较于市场主导

---

[1] 数据源引自：http://www.ndtcd.cn/#/nindex。

[2] 其他六大平台具体包括：农村土地交易服务平台、农业科技创新服务平台、农产品品牌孵化服务平台、农产品交易服务平台、农商文旅体融合发展服务平台、农业博览综合服务平台。

[3] 中国四川新闻网：《搭建七大共享平台，服务全川乡村振兴》，http://www.sc.chinanews.com.cn/lyxw/2019-04-25/103863.html。

型数字金融服务平台，"农贷通"作为政府主导打造的服务于新型经营主体的综合性数字金融平台，其运行机制如何？平台运行成效怎样？平台升级创新及发展前景又怎样？对这一系列问题的回答也正是下一步在四川省内大范围推广"农贷通"平台升级版前亟须解决的关键问题。

1.2　研究目的与意义

1.2.1　研究目的

本书目的旨在系统梳理数字金融相关文献基础上，界定政府主导型数字金融服务平台的概念，依据金融功能理论、长尾理论、交易成本理论、"二次脱媒"理论、信息不对称理论以及新信用理论，以"农贷通"为案例，探究政府主导型农村数字金融服务模式的构建与运行机理，并基于"农贷通"的运行现状评价其运行成效，分析其运行风险与监管方式，以提高政府主导型农村数字金融服务平台的运行效率与服务质量，降低其运行风险，优化其功能，以期推动四川省乃至全国农村数字金融服务平台的发展，为农业与农村现代化提供持续不断的资金支持。

1.2.2　研究意义

本书的意义在于，一是首次系统性阐述政府主导型农村数字金融服务模式的运行机理，论证其运行成效，补充政府主导型农村数字金融服务模式的理论体系空白；二是依据已有的理论探索性地从运行效果（用户的满意度评价）和运行效率两方面构建"农贷通"平台运行的成效评价指标体系，并分别进行系统性评价，为数字金融服务模式的成效评价提供实证依据；三是基于已有应用实践，探索政府主导型农村数字金融服务模式可能的创新方向，为"农贷通"下一阶段的发展提供参考依据。

1.3　研究动态

1.3.1　数字金融内涵研究

"互联网金融"是"数字金融"被提出以前，学界一直沿用的概念。互联网金融是一种新的金融业态（吴晓求，2014）。它与传统金融中介业态、资本市场业态共同构成当前的金融市场（Shahrokhi，2008；谢平、邹传伟，2012）。关于互联网金融范畴的界定，学术界尚未达成一致，其争论的焦点主要在于传统金融中介和市场网点、人工服务、产品结构以及盈利模式实现数字化的程度。吴晓求（2014）认为尽管金融中介和市场网点、人工服务已被数字技术替代，但金融产品结构和盈利模式尚未改变，所以只能将其定义为金融互联网。与此相反的观点则认为，其可以被纳入数字金融范畴（谢平等，2015）。李智（2014）在对比金融互联网和数字金融内涵和特征的基础上，提出数字金融的本质仍然是金融，是借助数字技术对传统金融行业革新的结果和现实，是基于数字技术在传统金融模式中全面和关键性运用的创新金融模式。马子慧、王向荣（2016）结合中国特定情境以及动态思想提出，中国情境下的互联网金融是利用互联网技术和信息通信技术实现支付、融资、投资和信息中介服务的金融新模式。张兆曦、赵新娥（2017）基于数字金融监管新规定的相关内容，认为互联网金融是指传统金融机构与互联网企业依托云计算、大数据、智能技术等技术手段，在开放平台上提供资金融通、支付、投资、信息中介服务的一种新兴金融业态和服务系统。由中国人民银行等十部委定义的"互联网金融"是指传统金融机构与互联网企业利用互联网技术与信息通信技术完成资金融通、支付、投资和信息中介服务等传统业务的新型金融业务模式。该定义受到业界和学界的广泛认可，所以更具有代表性。

与"互联网金融"相近的两个概念分别为"金融科技"和"数字金融"。其中，"金融科技"是指通过技术手段推动金融创新，形成对金融市场、机构及金融服务产生重大影响的商业模式、技术应用、业务流程和创新产品（金融稳定理事会）。数字金融则是指传统金融机构与互联网公司利用数字技术实现融资、支付、投资和其他新型金融业务模式（黄益平、黄卓，2018）。该内涵受到学者们的广泛认可。从内涵可知，"互联网金融""金融科技"和"数字金融"基本相似（黄益平、黄卓，2018；陈胤默等，2021；张龙耀、刑朝辉，2021）。然而，"数字金融"，相较于"互联网金融"与"金融科技"两个概念，更偏中性，所涵盖的范围也更宽泛（黄益平、黄卓，2018），可以涵盖"互联网金融"与"金融科技"所涉及的范畴。因此，本书中用"数字金融"进行统称。

1.3.2 数字金融服务模式研究

已有研究对数字金融的模式界定与分类尚未达成一致的观点。

具体而言，三类观点说认为数字金融包含传统金融服务的互联网延伸、金融的互联网居间服务和数字金融服务三种主要模式（李博、董亮，2013）。其中，传统金融服务的互联网延伸包括电子银行、网上银行等；金融的互联网居间服务则包括第三方支付平台、P2P 信贷、众筹网络等；数字金融服务则由网络小额贷款公司、互联网基金、保险销售平台等构成。七类观点说认为，数字金融服务应包括互联网支付、网络借贷、股权众筹融资、互联网基金销售、互联网保险、互联网信托、互联网消费金融（张兆曦、赵新娥，2017）。另外，六类观点说指出，数字金融服务由互联网支付、P2P 网络贷款、众筹融资、非 P2P 的网络小额贷款、互联网基金销售、金融机构创新型互联网平台六类构成。

尽管已有研究针对数字金融服务模式的分类尚未形成一致定论，但国内学者主要关注的数字金融模式为互联网支付、网络借贷、众筹融资三大类。具体而言，首先，关于互联网支付，已有研究侧重于讨论其概念及影响。例如，互联网支付是指通过计算机、手机等设备，依托互联网支付指令来转移货币价值以清偿债权债务关系的服务（苗文龙，2015）。尹志超等（2019）针对京津冀地区城市居民围绕第三方支付、创业与家庭收入开展研究，发现第三方支付有助于改善城市居民家庭创业意愿，进而提高家庭非工资性收入；同时，第三方支付也有助于重塑居民生活方式，使得生活消费更加便利（曹文艺、刘志浩，2018）。其次，关于网络借贷，已有研究侧重于 P2P 网络借贷的内涵、平台竞争力以及运行效率研究。例如，P2P 网络借贷是一种依托于网络而形成的新型金融服务模式，具有借贷方式灵活、手续简便等优势，可为个人增加新的融资渠道并改善融资便利性，有益补充了现有银行体系的不足（钱金叶、杨飞，2012）。影响因素分析显示，监管法案、信用评级、风控措施等是影响 P2P 网络借贷功能发挥的重要因素（Klafft，2008；Chaffee & Rapp，2012；Larrimore & Jiang，2011；何红渠、徐敏，2019；张敬辉，2018）。郭海凤、陈霄（2015）在构建 P2P 网络平台竞争力评级指标体系的基础上，对其开展系统性评价，指出 P2P 网贷平台发展水平在不同地区之间呈现显著差异，其评价结果表明，P2P 网贷平台的综合实力指数表现出中间低、两头高的特征，且大多数平台运行效率普遍偏低（朱宗元、王景裕，2016）。此外，部分学者对众筹的概念、融资效率及其影响因素进行了研究。例如，众筹是指筹资者在网络平台上发布项目信息，向数量众多的网民寻求小额资金支持，募集完成后获得相应的收益或回报的经济活动（Mollick，2014；Hui & Gerber，2012）。部分针对国内众筹项目融资效率的研究显示，目前国内股权众筹项目的平均融资效率较低（王保乾、汪竹君，2019），且项目的发起者与支持者间的互动交流、项目的评论数和分享数、发起者社交网络活跃度均正向影响众筹项目的筹资效率（任晓聪、和军，2016；Mollick & Kuppswamy，2014）。

1.3.3　数字金融对经济的影响研究

数字金融发展对我国经济的影响表现出多层次与非线性的特征。

从宏观经济层面看，数字金融产生的影响并非是单一线性。具体而言，部分研究显示，数字金融创新通过提高融资效率进而降低市场利率，间接促进社会投资、消费增长，最终带来整体经济增长（庄雷、赵成国，2017）。部分针对在线支付与经济增长关系的分析进一步显示，第三方互联网支付与第三方移动支付对我国 GDP 增长均产生了显著的正向影响（牛翠萍、耿修林，2019）。然而，数字金融发展一方面可通过提高资金配置效率、提升金融系统基本功能，从而显著促进宏观经济增长；另一方面，也可通过创新给宏观经济带来新的风险和挑战（李炳、赵阳，2014）。

从中观经济层面看，数字金融发展一方面有利于金融行业的转型升级；另一方面，其亦会加剧行业竞争，对行业发展绩效产生负面影响。例如，数字金融以互联网为依托，利用云计算、大数据等技术可打破供需双方的信息壁垒，有效降低融资成本，进而加快小微企业和高新技术企业的转型升级，提升消费者需求，增强同业市场利率的价格发现功能，提升其作为市场基准利率的有效性（殷小丽，2018；张李义、涂奔，2018）。与此同时，数字金融发展也会冲击证券行业，如改变价值实现方式、改变证券经纪和财富管理渠道，进而削弱证券作为金融中介的功能，引发资本市场重构，加剧行业竞争（龚映清，2013）。此外，第三方支付亦会抑制商业银行盈利能力的发挥（谢太峰、刘科，2019）。

从微观经济层面看，数字金融具有利润与风险的双面性（Anonymous，1999）、竞争性（Brewer，2001）以及技术颠覆性等特征（Acharya & Albert，2004；Berger & Gleisner，2009），其对微观经济发展的影响也是多元化的。部分研究显示，受教育水平、金融素养等均会影响个体对数字金融活动的参与程度（魏昭宋、宋全云，2016）；而数字金融对居民家庭消费具有正向影响（何启志、彭明生，2019）。

1.3.4 农村数字金融模式研究

随着我国数字经济发展的加快和"互联网+"技术的广泛应用，诸多企业组织和金融机构，如传统商业银行、互联网电商平台、农业龙头企业、互联网技术公司等纷纷开展农村地区的线下金融业务（皮天雷、赵铁，2014）。农村数字金融的发展与多层次的农村金融体系息息相关。因此，关于农村数字金融服务模式的分类方式也呈现出差异。首先，基于服务功能定位差异，我国数字金融模式可划分为"电商+涉农""产业链+金融""金融机构+服务三农""互联网平台+P2P"四种模式（林莉芳，2019；王婉赢，2020）。其次，立足互联网平台差异视角，我国农村数字金融模式可划分为"基于电子商务平台的链式农村数字金融模式""基于传统农业产业链的链式农村数字金融模式""涉农互联网金融平台"三大类（刘洋，2018）。再次，基于业态视角，我们可将农村互联网服务模式划分为"电商平台+'三农'"模式、"网贷平台+'三农'"模式、"行社互联网金融化+'三农'"模式、"众筹+'三农'"模式、"互联网保险+'三农'"模式、"三农"互联网理财模式、"互联网金融平台+农业供应链"模式和"互联网金融平台+'三农'支付"模式（冯兴元，2018；孙同全等，2019）。最后，从产品观视角，则可将农村数字金融划分为"三农"综合性金融服务、"三农"融资租赁与分期、"三农"供应链金融、"三农"消费金融四种农村数字金融主要业态模式（汪维清等，2020）。

1.3.5 农村数字金融发展外部性研究

关于农村数字金融发展产生的影响有两个方面的观点。

其一，农村数字金融发展具有很强的正外部性，其对农业信贷、农业生产、农民消费和收入均会产生正向影响。例如，段禄峰、唐文文（2016）指出，涉农电子商务发展存在较强的正外部性，可以促进农业产业化发展，降低农业生产成本，减少各环节的交易成本，促进农业技术的广泛应用，加快农业国际化发展（余刚，2018）。基于"互联网+农业金融"视角，周鹏达、王巧瑜（2017）围绕农户借贷行为影响因素开展相关研究，指出农村数字金融普惠发展程度对农户借贷行为有正向影响，可以有效缓解农民用于生产和生活消费的资金流动性约束（刘彤彤、吴福象，2020；白志红，2021）。立足减贫视角，聂凤英、熊雪（2018）证实了"涉农电商"在促进农民创业就业、增收节支和提高自身能力，倒逼产业转型升级和优化产业链条，改善农村经济结构、助推乡村现代化和缓解留守儿童及"空巢"老人问题等社会问题方面，可发挥颠覆性的作用与潜力，可产生显著的减贫效应（聂凤英、熊雪，2018；孙妍，2021）和显著的就业效应（张正平、黄帆帆，2021）。李季刚、马俊（2021）针对数字普惠金融与乡村振兴的关系开展研究，指出数字普惠金融发展可显著助力乡村振兴建设进程；其中，普惠金融的覆盖度和数字化程度两个维度对乡村振兴的促进作用较为显著，且该影响存在门槛效应。

其二，农村数字金融发展对农村经济发展，尤其是农村金融发展具有显著的负外部性。具体而言，农村数字金融发展会对农村传统借贷产生显著的挤出效应。例如，围绕数字技术发展与农村经济的关系，周英（2016）的研究发现，农村数字普惠金融会增加农村金融市场风险、影响区域金融市场稳定、提高农业经济融资成本，进而对整个农村经济产生显著影响。此外，郭庆、刘彤彤（2018）

利用省际面板数据构建动态跨期消费模型，分析 P2P 网贷与城乡居民消费的关系，其研究表明 P2P 网贷对农村居民消费的促进效应大于 P2P 网贷对农村居民消费产生的挤出效应。揭佳豪（2021）的研究进一步证实，数字金融对农村居民的生产借贷需求与固定资产借贷需求均会产生替代效应，但对前者的替代效应相对更强，对后者的替代效应相对更弱。

1.3.6 农村数字金融服务满意度研究

针对农村数字金融服务模式应用的满意度和用户忠诚度的研究显示，农村居民整体的满意度偏低（粟芳、方蕾，2016），忠诚度不高（王芹、罗剑朝，2018），且普遍存在排斥现象，尤其是西部农村地区更严重（粟芳、方蕾，2016）；农户金融服务满意度和金融产品满意度是影响农户忠诚度最基本的因素（王芹、罗剑朝，2018）。

1.3.7 研究评述

已有文献中，学者们围绕数字金融内涵、数字金融服务模式、数字金融服务的影响、农村数字金融服务模式、农村数字金融的影响及其模式应用满意度评价进行了研究，为本书提供了有益借鉴。总体来看，数字金融服务研究尚处于初级阶段，侧重于定性分析，定量分析不足；注重宏观层面的影响，对微观层面的影响关注不足，针对具体的平台开展案例分析的研究更是凤毛麟角；部分研究关注了市场主导型数字金融服务模式应用的满意度评价和用户忠诚度，但缺乏对政府主导型数字金融服务模式的研究。

鉴于此，针对以上研究的不足，本书拟从以下四个方面开展研究：一是基于对"农贷通"案例的提炼与总结，对政府主导型与市场主导型数字金融服务平台进行比较分析，形成政府主导型数字金融综合性服务平台的理论分析框架。二是在梳理农村数字金融服务发展历程与分析市场主导型数字金融服务模式现状的基础上，提出政府主导型数字金融服务模式的逻辑起点、理论依据和现实需求，系统性阐述政府主导型数字金融服务模式——成都市"农贷通"平台的构建原理、构成要素、功能与定位、配套制度以及产品。三是依据"农贷通"平台应用的案例和调研数据，展开平台应用现状分析、满意度评价研究、平台运行效率测度研究以及平台运行风险与监管研究。四是在总结与归纳国外数字金融服务模式发展经验的基础上，提出政府主导型农村数字金融服务创新探索的发展方向及前景。

1.4　研究思路和研究内容

1.4.1　研究思路

首先，本书以成都市"农贷通"政府主导型数字金融服务平台为研究对象，在系统梳理数字金融相关文献的基础上，界定政府主导型数字金融服务平台的概念，依据金融功能理论、长尾理论、交易成本理论、"二次脱媒"理论、信息不对称理论以及新信用理论，分析我国农村数字金融发展过程中市场主导型服务模式的现状与存在的主要问题，提出政府主导型农村数字金融服务模式发展的逻辑起点、理论依据以及现实需求。其次，本书以成都市"农贷通"为例，介绍政府主导型农村数字金融服务模式的构建机理、构成要素、功能与定位、配套制度以及产品，分析平台的应用现状及特征，并对该平台应用的满意度进行评价，测算平台的运行效率，分析平台运行的风险及可行的监管措施。再次，通过对国外发展较好的数字金融服务平台进行介绍和分析，总结并借鉴其经验，用以发展中国的农村数字金融服务平台。最后，针对政府主导型农业数字金融创新发展的具体实践与方向，探讨其创新及发展前景。本书的研究技术路线如图1-1所示。

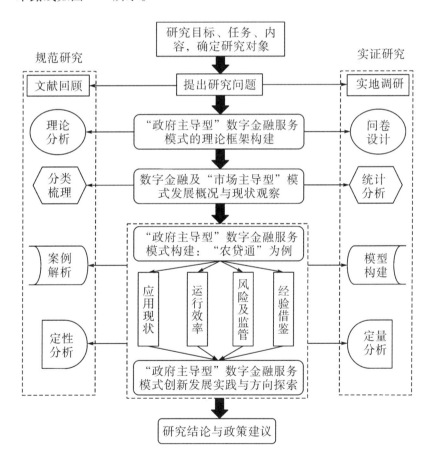

图 1-1　研究技术路线

1.4.2 研究内容

本书以成都市"农贷通"政府主导型数字金融服务平台为研究对象，围绕其现实发展基础、平台构建、运行成效、风险监管、国外经验借鉴以及平台创新探索等内容开展研究。本书包含六个部分，共十章。每个部分的具体内容安排如下：

第一部分，理论分析（第1章、第2章）。本部分首先介绍研究背景、研究目的、研究动态、研究思路、研究创新点以及数据来源；其次，界定互联网金融、互联网金融服务模式、农村数字金融、市场主导型农村数字金融服务模式、政府主导型农村数字金融服务模式以及"农贷通"平台的概念，阐述金融功能理论、长尾理论、交易成本理论、"二次脱媒"理论、信息不对称理论以及新信用理论等。

第二部分，我国农村数字金融服务发展历程与市场主导型农村数字金融服务模式的现状观察（第3章）。本部分首先分析农村金融制度与农村金融机构存在的主要问题，并在此基础上阐述农村数字金融发展的逻辑起点，梳理农村数字金融发展历程，剖析其发展现状；其次，针对现阶段市场主导型农村数字金融模式及其发展过程中存在的主要问题进行系统研判，提出政府主导型农村数字金融服务模式发展的逻辑起点、理论依据以及现实需求。

第三部分，以"农贷通"平台为例，介绍政府主导型农村数字金融服务平台构建、应用现状及成效运行效率测算（第4章、第5章、第6章）。本部分以成都市"农贷通"平台为例，介绍政府主导型农村数字金融服务模式的构建机理、构成要素、功能与定位、配套制度以及产品，分析平台的应用现状，评价平台应用的满意度，并测算平台的运行效率。

第四部分，政府主导型农村数字金融服务模式运行的风险及其监管以及国外数字金融服务模式发展经验借鉴研究（第 7 章、第 8 章）。本部分首先以成都市"农贷通"平台为例，阐述政府主导型农村数字金融服务模式运行过程中存在的风险及特征、风险评价与监管；其次，对国外具有代表性的数字金融服务模式（PayPal 支付与 Kickstarter 众筹模式）进行介绍，总结其应用的经验。

第五部分，政府主导型农村数字金融服务创新发展实践与方向展望（第 9 章）。本部分首先介绍成都市"农贷通"平台在初始阶段的探索应用案例，并在此基础上剖析其存在的主要问题和面临的新机遇，并阐述政府主导型农村数字金融服务创新探索的发展方向及前景。

第六部分，研究结论与政策建议（第 10 章）。基于前述内容研究进行总结，并提出针对性政策建设。

1.5　研究创新点

本书创新点主要表现在研究内容、研究视角以及研究材料三个方面。具体内容阐述如下：

一是研究内容创新。理论上，本书依据金融功能理论、长尾理论、交易成本理论、"二次脱媒"理论、信息不对称理论以及新信用理论，通过对成都市政府主导型数字金融服务模式——"农贷通"应用案例的提炼与总结，对其与市场主导型数字金融服务平台进行比较分析，形成政府主导型数字金融综合性服务平台的理论分析框架，补充互联网金融理论研究。实证上，通过分析"农贷通"平台在成都市辖内 13 个县（区/市）的运行实践，论证其成效，探讨其应用前景，为促进普惠金融发展提供理论和实证依据。

二是研究视角创新。成都市"农贷通"平台作为乡村数字金融试点，是数字乡村转型的重要内容。从数字金融转型视角，剖析数字乡村建设的进程与效果。

三是研究材料创新。相较于市场主导型金融服务模式，本书首次针对政府主导型金融服务模式——成都市"农贷通"平台进行系统性分析。

1.6　数据来源说明

本书运用的数据包含两个部分，具体如下：①关于"农贷通"平台满意度的分析数据来源于 2018 年 7~8 月份开展的"线上＋线下"农户调查；②关于"农贷通"平台运行效率测算的数据来源于成都市"农贷通"大数据网站①或根据成都金融集团股份有限公司提供的资料整理所得。数据截止时间为 2018 年 6 月 30 日。本书共选取了成都市辖内 13 个县（区/市）作为样本测算"农贷通"在成都市的运行效率②，样本覆盖率为 86.67%，具有代表性；③环境变量的数据是根据中国人民银行成都分行及辖区内 13 个县（区/市）各支行与金融工作局（办/中心）提供的资料整理所得。

---

① http://www.ndtcd.cn/bigData/#/ndt/sccsMap。
② 成都市辖内共有 15 个，因龙泉驿区和青白江区的数据缺失比较严重，故在本书中做删除处理，选取其他 13 个地区作为样本单元开展研究。

2 农村数字金融相关概念
与理论基础

2.1 概念界定、分类及特征

2.1.1 数字金融

"互联网金融"是"数字金融"被提出以前，学界一直沿用的概念。互联网金融是一种新的金融业态（吴晓求，2014）。它与传统金融中介业态、资本市场业态共同构成当前的金融市场（Shahrokhi，2008；谢平、邹传伟，2012）。关于互联网金融范畴的界定，学术界尚未达成一致，其争论的焦点主要在于传统金融中介和市场网点、人工服务、产品结构以及盈利模式实现数字化的程度。吴晓求（2014）认为尽管金融中介和市场网点、人工服务已被数字技术替代，但金融产品结构和盈利模式尚未改变，所以只能将其定义为金融互联网。与此相反的观点则认为，其可以被纳入数字金融范畴（谢平等，2015）。李智（2014）在对比金融互联网和数字金融内涵和特征的基础上，提出数字金融的本质仍然是金融，是借助数字技术对传统金融行业革新的结果和现实，是基于数字技术在传统金融模式中全面和关键性运用的创新金融模式。马子慧、王向荣（2016）

结合中国特定情境以及动态思想提出，中国情境下的互联网金融是利用互联网技术和信息通信技术实现支付、融资、投资和信息中介服务的金融新模式。张兆曦、赵新娥（2017）基于数字金融监管新规定的相关内容，指出互联网金融是指传统金融机构与互联网企业依托云计算、大数据、智能技术等技术手段，在开放平台上提供资金融通、支付、投资、信息中介服务的一种新兴金融业态和服务系统。由中国人民银行等十部委定义的"互联网金融"是指传统金融机构与互联网企业利用互联网技术与信息通信技术完成资金融通、支付、投资和信息中介服务等传统业务的新型金融业务模式。该定义受到业界和学界的广泛认可，所以更具有代表性。

与"互联网金融"相近的两个概念分别为"金融科技"和"数字金融"。其中，"金融科技"是指通过技术手段推动金融创新，形成对金融市场、机构及金融服务产生重大影响的商业模式、技术应用、业务流程和创新产品（金融稳定理事会）。数字金融是指传统金融机构与互联网公司利用数字技术实现融资、支付、投资和其他新型金融业务模式（黄益平、黄卓，2018）。该内涵受到学者们的广泛认可。从内涵可知，"互联网金融""金融科技"和"数字金融"基本相似（黄益平、黄卓，2018；陈胤默等，2021；张龙耀、刑朝辉，2021）。然而，"数字金融"，相较于"互联网金融"与"金融科技"两个概念，更偏中性，所涵盖的范围也更宽泛（黄益平、黄卓，2018），可以涵盖"互联网金融"与"金融科技"所涉及的范畴。因此，本书中不区分"数字金融"和"互联网金融""金融科技"三者之间涵盖范畴上的细微差异，而用"数字金融"来统称。

2.1.2　数字金融服务模式

数字金融服务平台是指利用互联网汇聚金融服务信息，搜索、比较金融产品并为金融产品销售提供第三方服务的平台。数字金融的服务模式是数字金融企业通过互联网向客户提供金融服务时采用的各种标准模式。

2.1.3　农村数字金融

农村数字金融是数字金融在农村地区的应用。农村地区的经济主体运用互联网及信息通信技术实现资金的支付、投资与融资等，具有交易成本低、打破时空限制、服务形式多样、安全性和隐私性更高等特征。

2.1.4　市场主导型农村数字金融服务模式

市场主导型农村数字金融服务模式是指以市场主体为主导构建的为农村地区居民提供互联网金融服务的各种运行模式。例如，目前，农村金融市场出现的基于电商平台的链式金融模式、基于农业产业链的链式金融模式和涉农数字金融平台模式等（李双，2020）均为市场主导型农村数字金融服务模式。具体而言，首先，基于电商平台开展的农村数字金融业务往往依托电商平台自身的优势，在搭建"工业品下乡"和"农产品进城"双轨 B2C 电商服务平台的基础上，根据数据优势建立大数据信用风控模型，以此来推进农村消费信贷和网上借贷业务；与此同时，大力开展与其他商业银行、小额贷款公司、担保组织等金融机构和组织的广泛合作，拓展资金获取渠道。其次，传统"三农"服务商，依靠线下资源优势和客户信用数据累积优势，围绕农业产业链开展数字信贷业务，进而构建自身独特的农村数字金融生态圈。此外，涉农互联网金融平台主要是P2P网贷平台和众筹平台，一般的运营方式是依靠"线下地推"获得消费者群体，并以熟人借贷的方式开展业务。

2.1.5　政府主导型农村数字金融服务模式

政府主导型农村数字金融服务模式是指以政府为主导构建的为农村地区居民提供数字金融服务的运行模式，如成都市"农贷通"平台。相较于既有的市场主导型数字金融服务平台，政府主导的综合性数字金融服务平台不仅能实现市场主导型数字金融服务平台的功能，亦能通过三级服务站建设，建立完整的农村征信体系机制，整合农村产权交易，引入财政金融资源分担风险，从根源上解决农村金融市场供需信息不对称、交易成本居高不下、金融资源和信息分散、资源匹配效率低、风险管控能力弱以及对线下金融服务过度依赖等问题，通过打造超级数字金融平台，让多元化金融产品、多类型金融机构和多样化需求客户实现有效对接，重塑新的竞争格局，初步实现"农业产业+互联网+金融"的跨界融合发展，形成空前的复杂而富有生命力的农村金融生态圈。

2.1.6　"农贷通"平台

"农贷通"平台是政府主导构建的，围绕解决农业农村面临的"融资难、融资贵"和金融机构"贷款难、贷款成本高"问题，整合农村产权、农业政策、农村金融等各类资源，集农业政策咨询、融资供需对接、金融风险分担、信用信息共享等多种功能于一体、线上线下结合的"政银企"农村金融综合服务平台（李波，2018）。

2.2 理论基础

2.2.1 金融功能理论

金融功能理论历经多年发展，由两点论发展到六点论。传统的金融功能观认为，信用媒介和信用创造是金融的两大核心功能。信用媒介理论的代表性经济学家有亚当·斯密、大卫·李嘉图、约翰·穆勒等；信用创造理论的代表性学者有麦克鲁德、熊彼特、哈恩等。随着经济的发展，格利和肖发展了两点论，并提出金融具有分配和金融中介的功能。其中，金融分配通过信息披露、通信网络的建立、多种交易形式及经纪人、证券交易所等方式来提高金融资产交易市场的效率；金融中介以间接金融资产替代初级证券，进而提升金融资产管理水平。随后，默顿和博迪于1993年提出金融体系改革理论，形成了六点论，完善了现代金融功能理论。即金融系统具有六种基本功能：跨期、跨区域、跨行业配置资源；提供支付、清算和结算服务；提供风险管理的方法和机制；提供价格信息；储备资源和分割所有权；创造激励机制（博迪、默顿，2013；吴晓求，2015；吴晓求等，2015；王晶，2015；贝多广，2015）。

在上述六种功能中，"资源配置"和"支付结算"是金融最基础的两大功能，通常主要由商业银行来承担，在中国尤为明显；后四种功能在不同金融模式中，在不同程度上分别由商业银行和资本市场承担，其中风险管理（财富管理）是现代金融最核心的功能。从技术的匹配性看，数字金融与金融的前四种功能，即"资源匹配""支付结算""风险管理""提供价格信息"，具有更高的耦合性（吴晓求等，2015）。后两种功能的实现更多的是基于一种制度结构和产品设计。但互联网平台的植入，与此两种功能的实现并无冲突，一定意义上说亦有利于这两种功能效率的提升（王晶，2015）。相较于传统金融，数字金融并不突出金融组织和金融机构，而是基于金融功能更有效地实现而形成的一种新的金融业态，其基础理论仍是金融功能理论。

2.2.2　"二次脱媒"理论

信息不对称、市场不确定性以及由此引发的风险管理需求，是金融中介存在的重要原因，也是金融中介理论形成的基础（王晶，2015）。然而，互联网技术和金融结合形成的数字金融所具有的"降低信息不对称、低交易成本、广覆盖、突破物理空间距离"等方面的优势正在逐渐打破传统金融中介发展的基础，从而催生了传统金融模式自资本市场"脱媒"以来第二次脱离原有的媒介基础进行广泛发展，即所谓的二次"脱媒"。如果说资本市场是金融第一次"脱媒"的推手，那么数字金融就是金融第二次"脱媒"的催化剂（王晶，2015）。但无论是一次"脱媒"，还是二次"脱媒"，都是金融为了更好地服务经济发展而进行的深度变革。换言之，两次"脱媒"均是为了更好地优化融资功能的有效性，即提升金融资源的配置效率。与资本市场为了规避利率管制而推动的一次"脱媒"不同的是，数字金融推动的二次"脱媒"重点是缓解金融市场长期以来信息不对称的困境，目的是有效解决金融的效率和金融服务的结构性匹配问题。这些问题也都是一次"脱媒"未能有效解决的问题。具体来看，金融效率主要表现为灵活、快捷、低成本、相对安全和信息对称性；金融服务的结构性匹配，主要是指金融服务的广泛性或普惠性问题（吴晓求，2015；王晶，2015）。因此，充分发掘、处理和应用传统金融数据，将成为金融中介在数字金融时代发展的重要功能。

2.2.3 新信用理论

信用在不同学科领域发展、应用，其内涵和功能也随之发生变化。在金融学领域，信用是金融的内核和基石，也是金融的生命线（吴晓求，2015）。信用风险是传统金融发展过程中的基础风险。在已有的信用评价理论和方法中，信用的优劣、高低通常与企业的资产规模、财务状况、资金流量和个人或家庭所处的身份地位、拥有的收入水平和资产规模紧密相关（王晶，2015）。资产抵押或者质押、联合担保等通常也是释缓风险的主要手段。换言之，一个组织或人的信用几乎可以与一个企业或个体、家庭所拥有的收入、财富、名誉、地位画等号。而基于云计算、大数据技术的数字金融，对企业和个体的交易信息、税务信息、生产信息等数据信息进行收集和整理，并应用数字技术重新界定组织或个体的信用水平。这种方式从根本上颠覆了传统金融关于信用的定义和测度。实际上，经济主体（企业和个人）的信用状况，最后都要通过其经济行为特别是市场交易行为来体现（王晶，2015）。

在金融活动中，金融交易行为是经济主体信用表现的最好检验。互联网平台所产生的云数据，客观地描述了相关交易主体的履约状况和信用水平，真实展现了他们的商业行为轨迹，也更有效地反映出不同交易主体的债务偿还能力。而从实际应用中看，依据大数据对组织或个体的信用风险进行测算形成的判断结果，确实要比传统金融中利用"先验"信息评价的结果更加准确和客观。阿里小贷较低的不良贷款率就是一个非常好的例证（杨涛，2017）。因此，数字金融通过运用大数据来观测组织或个体在实际交易中的履约状况，进而判断相关经济主体的信用能力，推动传统金融信用理论的改进，进而产生新的信用理论。而这正是数字金融强大生命力的源泉（吴晓求，2015）。

2.2.4 普惠金融理论

普惠金融（inclusive finance）的理念由联合国在 2005 年提出。普惠金融的内涵就是希望通过向社会各阶层提供更公平、便捷、安全、低成本的金融服务，从而使得更多的普通群体从金融中获益。普惠金融的实质就是所有的金融服务都可以被满足（王晶，2015）。普惠金融理念应当是金融服务的最高准则，也是衡量一国金融体系公平性的最高标准。

中国金融体系经过多年的改革，在金融机构和组织的创新与构建、资本市场的建设、金融产品与服务的供给等诸多方面均取得了巨大成就。然而，在金融服务供给结构上出现的金融错配问题一直未得到解决，以致出现了大量的金融排斥群体，如中小微企业、贫困群体、城乡低收入群体等。而金融主要的服务对象为大中型企业，尤其是国有企业。从金融逐利的本质而言，大中型企业，尤其是国有企业可以提供更好的资金回报，金融机构也能以较低的成本和风险来进行资金管理。但这违背了普惠金融的基本理念。然而，也正是传统商业金融中存在的这些商业规则和运行约束，为数字金融的发展提供了契机。数字金融以其"降低信息不对称、低交易成本、广覆盖、突破物理空间距离"等优势，迅速为大量的长尾群体开创了一个自由、灵活、便捷、高效、安全、低成本、不问地位高低、不计财富多少、人人可以参与的新的金融运行结构。而这个新的金融结构可以更好地践行普惠金融理念。

2.2.5　长尾理论

长尾理论最早由美国人克里斯·安德森在 2004 年 10 月的"The Long Tail"一文中提出，用来描述亚马逊和 Netflix 这类网站的商业和经济模式。其中的"长尾"实际上是统计学中幂律（power laws）和帕累托分布（pareto distributions）特征的一个口语化表达。产品需求曲线通常表现为帕累托法则中的"二八定律"，即头部需求占比小且陡峭，但尾部需求量大且分散。因此，企业往往把大量的精力用于关注头部经济需求所需的主流产品，而忽视处于尾部的大量分散需求。长尾理论则认为，尾部需求量大，交易成本低，信息相对充分，关注尾部需求而产生的总体效应会超过头部需求带来的效应。换言之，因交易成本低，只要有生产，产品就会有消费者购买。拓展到金融市场，即只要有信贷需求，就可以提供相应的信贷服务。数字金融的快速发展，就是得益于其具有"降低信息不对称、低交易成本、广覆盖、突破物理空间距离"等优势，给那部分尾部群体提供了有效的金融服务。

2.2.6　交易成本理论

交易成本理论是由诺贝尔经济学奖得主科斯（1937）所提出的。交易成本理论的根本论点在于企业需要将交易作为成本分析的单位，并且需要将不同的交易类型如信息搜集、签约、履约、合约执行以及监督等进行详细区分，提取其交易特征因素，并将其纳入企业的组织管理，进而达到降低企业管理成本的目标。交易成本的内涵比较宽泛，有为了获取信息所付出的时间成本、经济成本，也有为了达成交易而开展谈判、拟定契约、执行契约以及监管契约执行所付出的各类成本。可以说，有经济活动就会产生交易成本，它无处不在，是人类社会生活中一个不可分割的组成部分。Williamson（1975）指出了有限理性（bounded rationality）、投机主义（opportunism）、不确定性与复杂性（uncertainty and complexity）、专用性投资（specific investment）、信息不对称（information asymmetric）、气氛（atmosphere）六项交易成本的成因。Dahlman（1979）则进一步将交易活动的内容加以类别化处理。他认为交易成本包含搜寻信息的成本、协商与决策成本、契约成本、监督成本、执行成本与转换成本。

在金融活动中，较高的交易成本主要表现在信息不对称带来的风险导致大量的中小微企业、农民以及低收入群体等被排斥在金融供给之外。一般而言，这些群体的特征主要表现为：缺少充分证明个人信用的有效信息，比如财务报表、资产证明、收入证明等；融资需求较为分散，且交易量小但需要频繁进行交易；收入不稳定，又缺乏其他的担保物等。这些特征也正是交易成本和风险产生的根源。而传统金融机构正是需要这些信息来对个体进行信用评价。缺乏有效信息，必然导致他们被传统金融机构排斥在外。而数字金融的发展可以有效降低金融服务供给中因信息不对称、不确定性与复杂性、有限理性以及投机主义带来的成本与风险。

2.2.7　信息不对称理论

信息不对称现象早在 20 世纪 70 年代便受到三位美国著名经济学家阿克洛夫（Akerlof）、斯宾塞（Spence）、斯蒂格利茨（Stigjiz）的关注。它为市场经济提供了一个新的视角。信息不对称理论是指在市场经济活动中，各类人员对相关信息的了解是有差异的。掌握信息比较充分的人员，往往处于比较有利的地位，而信息贫乏的人员，则处于比较不利的地位。该理论认为，市场中卖方比买方更了解有关商品的各种信息；掌握更多信息的一方可以通过向信息匮乏的一方传递可靠信息而在市场中获益；买卖双方中拥有信息较少的一方会努力从另一方获取信息；市场信号在一定程度上可以缓解信息不对称问题。

信息不对称现象无处不在。而信息不对称问题在金融市场中，尤其是在中小微企业、农业经营主体、低收入群体中则更为普遍且严重。对于中小微企业和农业经营主体而言，其尚未形成规范的财务制度，也不能提供有效的财务信息和税务信息记录。同时，这些群体又缺乏有效担保物。他们的金融需求交易量小且交易频繁。上述这些特征将会产生高水平的信息不对称。因此，对于传统金融机构而言，这些群体很难得到它们的重视。而低收入群体除了在信息不对称方面表现突出，更重要的是收入低且不稳定，表现出更低的偿债能力和更高的违约风险。传统金融机构则表现出更低的金融服务供给意愿。

2.3 数字金融服务模式理论分析

本书借鉴学者赵岳、谭之博（2012）和张江洋等（2015）关于电子商务平台缓解由信息不对称引起的信贷配给问题的分析。

诸多研究指出，相较于传统银行为企业提供的信贷服务，数字金融在企业融资中可以有效降低企业的单位贷款成本，激活中小企业的无形资产并增加授信客户的事后违约成本（赵岳、谭之博，2012；张江洋等，2015）。

因此，本书在介绍信贷中逆向选择问题的信息经济学模型的基础上，引入数字金融服务平台来阐述其在缓解由信息不对称造成的信贷配给问题方面的作用。

逆向选择是信贷市场中普遍存在的"市场失灵"现象，具体是指银行与高风险借款人之间存在信息不对称，引发银行采取高利率放贷，从而导致正常借款人被排斥在信贷市场之外的现象。

2.3.1 模型假设

假设 1：经济活动中的个体为理性经济人，且不拥有财富，其生存只能依靠借贷进行项目投资。其中，任何个体均可在单个项目中投资 1 元。

假设 2：借款人具有异质性，风险偏好有安全型或风险型两类。

假设 3：一个安全型借款人投资 1 元获得的确定性收益为 Y_1 元。而一个风险型借款人投资 1 元获得的收益为 Y_2 元的概率为 P（0<P<1），收益为零的概率为 $1-P$，$Y_2 > Y_1$。为简化分析，本书假设两种类型的借款人有着相同的期望收益，即 $PY_2 = Y_1$

假设 4：放款人是金融市场上的竞争型银行。该假设可以使本书关注因信息和抵押品不足而导致的难题，而不用考虑垄断问题。假设银行提供贷款的单位成本为 K。该项成本包括从存款人处获得资金的所有成本。由于贷款的获得还存在其他的交易成本，因此，K 将大于 1 元。如果 $PY_2 = Y_1 >1$，则认为投资是有效的。

假设 5：银行知道安全型借款人的比例为 q，则风险型借款人的比例为 $1-q$。该假设为讨论逆向选择问题提供了信息不对称变量。

假设 6：银行将对所有类型的借款人收取高于 K 的利率 R，以弥补额外增加的交易风险。

2.3.2　基础模型构建及分析

由于市场上同时存在不同类型的借款人，而银行因信息不足，难以有效分辨出安全型和风险型借款人，这时银行出于逐利和安全性考虑，会希望所有借款人可支付比竞争性市场利率更高的利率。

若所有借款人都是安全型的借款人，则本息将等于 K，利率将逐步降低到边际成本的水平。在这个利率水平上，银行仅实现收支平衡而借款人获利为 $Y_1 - K$。而对于银行而言，它们希望覆盖成本，从而可以使对风险类型的贷款产出期望回报精确地等于 K。其中，银行资金的总成本为 $K = [q + (1-q)P]$。则银行实现收支平衡的总利率为：

$R = K/[q + (1-q)P] = K + A$。其中，$A = [K(1-P)(1-q)]/[q + (1-q)P]$。

2.3.3　引入数字金融的信息不对称缓解分析

假设 7：构建数字金融服务平台只是增加信贷供给机构，但不会引起金融市场结构的变化。

由此可知，引入数字金融服务平台之后，可以从两个方面缓解信贷业务中的信息不对称问题：

一是相较于传统商业银行的信贷服务，因数字技术带来的低成本优势（例如，可降低客户搜寻成本、营销渠道建设成本、客户授信前调查和信息核查成本、授信后客户对资金使用的监督成本、放贷后的客户管理成本、办公成本、客户违约所产生的成本等），基于数字金融供给的贷款的单位成本 K 会大幅度下降，且远低于传统的金融服务供给成本。这将直接降低银行的总利率 $R = K/[q + (1-q)P]$。利率低，必然会使得更多的中小企业或者弱势群体以更低的融资成本获得更多的贷款服务。

二是相较于传统商业银行的信用信息获取方式，数字金融平台可以依据互联网技术和大数据优势，激活客户的平台资产、信用资产、信誉资产以及交易流水数据资产等无形资产，优化客户的信用评估体系，建立更加有效的风险识别和定价模型，准确判断出安全型和风险型客户，使得更多正常的客户享受到贷款服务。

3 我国农村数字金融发展概述与现状观察

3.1 农村金融制度演进与农村金融体系发展存在的主要问题

3.1.1 农村金融制度演进

农村金融是我国农村经济发展的核心，也是解决"三农"问题和实施乡村振兴战略的关键。自新中国成立以来，伴随着我国社会经济的发展，金融机构和组织也纷纷成立和逐渐地成长壮大。改革开放以前，我国尚未设立专门为农村服务的金融机构和组织。农民之间的生产互助资金很难满足正常的生产、生活需要。改革开放后，我国开始自下而上的以家庭联产承包责任制为核心的农村经济体制改革。在此背景下，农村金融服务体系也开始逐步发展，以支持农村经济发展。我国农村金融已经发展了四十余年。具体而言，我国农村金融制度经历了以下四个阶段。

第一阶段是农村金融制度重新确立的阶段（1979—1992 年）。1979 年 2 月，国务院下发《关于恢复中国农业银行的通知》（简称《通知》）。依据该《通知》，中国农业银行从当时大一统的"中国人民银行"中独立出来，成为专门为农村提供信贷业务的正规银行

33

（张艳芳，2010）。它的主要业务为统一管理支农资金，集中办理农村信贷，发展农村金融市场（刘进宝、何广文，2009）。1982 年 2 月，国务院批准了《关于国内保险业务恢复情况和今后发展意见的报告》（简称《报告》）。《报告》中明确提出"应该积极创造条件，逐步试办农村财产保险、牲畜保险等业务"。1982 年，中国人民保险公司恢复办理农业保险业务，开始经营各类种植业和养殖业保险。随后，国务院于 1983 年 1 月 2 日年又颁发了《当前农村经济政策的若干问题》的规定文件。文件明确规定，"农村信用合作社应该坚持合作金融组织的性质"。1984 年，国务院批准了中国农业银行《关于改革信用社管理体制》的报告，提出把农村信用社真正办成群众性的合作金融组织，在遵守国家金融政策和接受农业银行领导、监督的前提下，独立自主开展存贷业务。同年，河北省康保县芦家营乡正式建立了我国第一个农村合作基金会。此后，农村合作基金会在全国开始发展起来。1986 年 4 月，在国务院指示下，邮政储蓄银行正式在全国开办存款业务。这一时期，中央放开了民间非正式金融组织的创立和发展，允许多种融资方式并存。同时，农业银行领导农村信用社，逐渐垄断了整个农村金融市场。

第二阶段是农村金融制度改革转型阶段（1993—2003 年）。1984 年后，我国经济体制改革不断深化。大量的乡镇企业、农村个体经济组织应运而生，并迅速成长起来。由此带来的是农村金融需求的快速增加。中共十四大明确提出建立社会主义市场经济体制的目标后，农业和农村沿市场经济方向深化的速度加快。1993 年 12 月，国务院印发《关于金融体制改革的决定》，要求通过改革逐步建立由中国人民银行同意监督和管理的，中国农业发展银行、中国农业银行和农村合作金融组织密切配合、协调发展的农村金融体系。1994 年 4 月，国务院颁发《关于组建中国农业发展银行的通知》以及《关于组建中国农业发展银行省级分行有关问题的通知》。自此，中国农业发展银行及其分支机构开始组建。受社会主义市场经济改革的影响，农村合作基金会发展迅速，其在放贷业务操作等方面暴露出了许多问题。部分金融机构的利率高于农村信用社的贷款利率。丰厚的利率收益加剧了高利贷市场的竞争，扰乱了才初步建立起来的农村金融市场。之后两年，中国人民银行不得不开展行业整顿，清理超规业务，打破垄断局面。这一时期，中国农业银行在农村金融体系的垄断性地位被打破（张锦汇，2016），并形成以农业发展银行发放政策性贷款、农业银行发放商业性贷款、农村信用社按照合作社原则向农户发放小额贷款的三足鼎立局面。同时，国家在政策方面也鼓励和倡导建立和发展更多的金融机构和组织，以激发市场的充分竞争。这一时期，农村金融机构和组织数量不断增加。

第三阶段是现代农村金融制度构建探索阶段（2004—2012 年）。2004 年中央"一号文件"以农民增收为核心主题，强调"建立金融机构对农村社区服务的机制，明确县域内各金融机构为'三农'服务的义务""鼓励有条件的地方，在严格监管、有效防范金融风险的前提下，通过吸引社会资本和外资，积极兴办直接为'三农'服务的多种所有制的金融组织"。该文件为开启"三农"发展的新格局提供了良好的政策背景。2004 年下半年开始，中国农业发展银行调整业务范围，增加融资方式，并逐渐摆脱对中国人民银行再贷款的依赖。同时，邮政储蓄银行实现成功改制。从 2005 年起，金融有关部门开始制定"农村金融总体改革方案"。由中国人民银行会同有关部委主导的"商业性小额信贷"试点工作于 2005 年在 5 个试点省份开始实施。2006 年，邮政储蓄银行开始试点"定期存单小额质押贷款"业务。2007 年 3 月，邮政储蓄银行正式成立。同年，农业银行调整职能回归"三农"，并明确了面向"三农"、整体改制、商业运作、择机上市的改革原则。两年后，中国农业银行股份有限公司正式成立，支农实力不断增强。这一时期，新型农村金融机构开始出现。2006 年，银监会曾发布了《关于调整放宽农村地区银行业金融机构准入政策更好支持社会主义新农村建设的若干意见》，"低门槛，严监管"的农村金融市场开放政策开始实施。这一政策允许在农村设立村镇银行、贷款公司和农村资金互助社等，还放宽了农村地区现有的金融机构兼并重组政策。这一时期，我国农村金融已形成三足鼎立之势，为"三农"发展提供了较好的市场融资环境。农业农村经济发展过程中面临的资金约束也得到了一定程度的缓解。

第四阶段是农村金融制度改革创新深化阶段（2013 年至今）。党的十八大确立了"全面建设小康社会"的目标，进一步加强了金融对农业、农民和农村发展的支持和保障作用。深化经济体制改革，加快完善社会主义市场经济体制，加快转变发展方式。大力发展普惠性金融，全面深化农村金融体制改革（李榛，2019）。党中央历年高度重视"三农"工作，始终把解决好农业农村农民问题作为全党工作重中之重。2013 年中央"一号文件"首次明确优先满足农户信贷需求，支持社会资本充分流向农村金融领域，明确农村金融的首要职能是服务、支持"三农"发展，优先满足"三农"资金需求（温涛、王煜宇，2018）。2014 年中央"一号文件"首次专章对加快农村金融制度创新做出详尽规定，分别对各类金融机构提出服务"三农"的要求，要求发展新型农村合作金融组织、加大农业保险支持力度，切实发挥金融支农功能。2015 年中央"一号文件"最大的亮点在于提出推动农村金融立法。这一年中央还明确提出了发展普惠金融的策略，国务院印发《推进普惠金融发展规划（2016—2020 年）》。十八届三中全会明确提出发展普惠金融。2015 年《政府工作报告》提出，要大力发展普惠金融，让所有市场主体都能分享金融服务的雨露甘霖（李榛，2019）。2015 年，七部门联合印发了《关于金融助推脱贫攻坚的实施意见》（简称《意见》），《意见》指出要紧紧围绕"精准扶贫、精准脱贫"的国家战略，全面改进和提升金融扶贫的有效性。2016 年，中央对农村金融组织体系建设及发展方向进行了明确规划，吹响了金融机构下沉"三农"服务集结号。2017 年中央再次强调积极推动农村金融立法。2018 年中央"一号文件"提出要提高金融服务水平，把更多金融资源配置到农村经济社会发展的重点领域和薄弱环节，更好满足乡村振兴多样化金融需求。要强化金融服务方式创新，防止脱实向虚倾向，严格管控风险，提高金融服务乡村振兴的能力和水平。2019 年中央"一号文件"提出要实施数字乡村战略，深入推进"互联网+农业"，扩大农业物联网示范应用（赵练达，2020）。推进重要农产品全产业链大数据建设，加强国家数字农业农村系统建设。继续开展电子商务进农村综合示范，实施"互联网+"农产品出村进城工程。这一时期，农村金融创新、普惠金融以及金融扶贫创新等取得快速发展。

3.1.2 农村传统金融体系存在的问题

目前，我国农村金融机构发展存在的主要问题体现在三个方面：

一是商业性金融支农功能退化。根据商业银行的"盈利性、流动性、安全性"经营原则,国有商业银行在县及县以下分支机构的营业网点大规模缩减(陈陪磊、李有绪,2015)。自 1998 年以来,四大行在农村至少撤并了 6 万家网点机构,农村分支机构总量锐减[①]。同时,因农业天然的弱质性,农业生产表现出"高风险性、分散性、波动性、长期性"特征,使得商业银行的部分网点也收缩了放贷服务范围,除一些小额质押贷款外,其他权利统一集中到省分行。金融机构支农业务大幅缩减,严重制约了农业和农村经济的协调、快速发展。

二是合作社金融服务支农乏力。目前,我国农村存在各种不同的金融需求主体,而它们的主要业务都是面向农村信用合作社。因此,农村信用社对于农村经济的发展具有举足轻重的地位(陈陪磊、李有绪,2015)。但贷款风险管理制度不完善、缺乏有效的贷款保证手段等问题,加剧了农村信用社对农户大额贷款的"减贷"现象。对于农户来说,获得大额贷款显得非常困难。另外,农信社在科技支持、信息化建设、人力资源配置、内部经营管理等方面投入不足,影响了其支农作用的发挥。

三是落后的金融生态环境制约农村金融发展。农村金融要获得稳定、健康发展,其内在需要有一个良好的金融生态环境进行支撑(陈陪磊、李有绪,2015)。而当前我国农村金融生态环境的现状是金融法制环境欠佳,农户对金融法规认知有限,缺乏法律意识,进而损害了农户享受法律保护的权益。总之,金融法制环境欠佳、信用体系缺失、风险防控体系不健全等问题使得我国农村的金融环境总体水平较差。这些因素严重制约了农村金融支农作用的发挥。此

---

① 数据来源于网址:https://www.docin.com/p-1513968894.html。

外，在一些农村地区，农村金融机构大都只重视数量增长，忽略了质量发展，进而影响金融机构支农的能力。

3.2 农村数字金融发展的逻辑起点

3.2.1 农村金融政策基础分析

近十年以来，随着普惠金融国家战略和农业现代化、城镇化进程的不断推进，我国农村金融市场的体制逐渐完善。农村经济的发展逐渐培育出家庭农场、专业合作社、农业龙头企业等新型经营主体。从实践来看，农村金融市场无论是相关法律法规和政策的制定，还是业务的发展，均比较缓慢，滞后于当期农村经济的发展速度，并带来诸多"三农"问题。因此，国家为了促进农村金融的发展，在各类政策方面给予优惠，包括财政补贴、税收优惠、金融政策鼓励等。

表 3-1 展示了 2009—2019 年金融机构财税补贴政策。由表 3-1 可知，我国针对农村金融机构开展农村金融业务的财政定向费用补贴政策在机构覆盖范围上不断扩大，同时，定向费用补贴政策标准不断提高。这反映出定向费用补贴政策要求金融机构服务"三农"或小微企业等弱势群体的态度。

表 3-2 和表 3-3 展示了 2003—2010 年和 2011—2019 年我国农村金融税收优惠政策。由表 3-2 和表 3-3 可知，我国税收优惠政策主要体现在对农村金融业务税率的优惠上，税收优惠主要以增值税和所得税为主，同时，税收优惠对象从金融机构转为业务，且优惠范围不断扩大。

表 3-1 金融机构财政补贴政策

时间	2009年4月	2010年5月	2014年3月	2016年8月	2017年5月	2018年10月	2019年3月
文件	财政部《中央财政奖励型农村金融机构定向费用补贴资金管理暂行办法》的通知	财政部《中央财政金融机构定向费用管理暂行办法》的通知	财政部《农村金融机构定向费用补贴资金管理办法》的通知	财政部《普惠金融发展专项资金管理办法》的通知	农业部《关于做好2017年中央财政农业生产发展等项目实施工作的通知》	财政部《关于进一步做好创业担保贷款贴息政策监测分析工作的通知》	财政部《关于进一步做好创业担保贷款贴息政策监测分析工作的通知》
政策要点	财政部对上年贷款平均余额同比增长，且达到中国银监会监管要求的农村信用社和农村资金互助社，当年贷款平均余额同比增长，上年末存款比上年末存款比高于50%以上，达到银监会监管指标达标的村镇银行，按其上年贷款平均余额的2%，给予补贴，且作为中央财政承担，由农村金融机构当年收入核算	中央财政对当年贷款平均余额同比增长，且达到中国银监会监管要求的贷款公司和农村资金互助社，当年贷款平均余额同比增长，年末存款比高于50%且达到银监会监管指标达标的村镇银行，按其当年贷款平均余额的2%给予补贴，中央财政对西部基础金融服务薄弱地区的金融机构（网点），按其当年贷款平均余额的2%给予补贴	对符合下列条件的新型农村金融机构，财政部门按当年贷款平均余额的2%给予补贴：一是当年贷款平均余额同比增长；二是当年贷款平均余额存贷比年均高于50%（含）；三是当年涉农贷款和小微企业贷款平均余额占全部贷款平均余额的比例高于70%（含）；四是财政部门规定的其他条件	专项资金安排支出用于对符合条件的新型农村金融机构和西部基础金融服务薄弱地区的金融机构（网点），给予一定补贴，二是支持农村金融组织体系建设，扩大农村金融服务覆盖面。对各类金融机构的新型农村金融机构，财政部门按照当年贷款平均余额的2%给予补贴	省级农业、财政部门要根据农业部、财政部门下达的任务清单，科学测算分配中央财政补助资金，具体补助任务、补助标准、补助对象、补助环节等要与任务和保护护、重点、补助政策衔接；拼农机购置补贴、草原禁牧补助与草畜平衡补助资金，以及其他约束性任务达的补助资金不得统筹使用	通知要求2019年2月底前完成就业工作；一是在个人创业贷款的现有和企业区的中区分"创业担保贷款"品种，二是担保贷款中，品种分10类借款人，即城镇登记失业人员、就业困难人员、复员转业退役军人、刑满释放人员、高校毕业生、职工和失业农民工、返乡创业农民工、网络商户、建档立卡贫困人口、农村自主创业农民	首先提出要增强政策时效：一是加大创业担保贷款贴息及奖补政策力度；二是认真落实农村金融机构定向费用补贴政策；其次提出要做好资金管理。其中提出要发挥财政资金引导和放大效应，政策衔接；要重点和放大资金引导提出组织落实

表 3-2 2003—2010 年我国农村金融税收优惠政策①

时间	2003 年 6 月	2004 年 1 月	2004 年 11 月	2006 年 5 月	2010 年 5 月
文件	国务院印发《深化农村信用社改革试点方案的通知》	财政部、国家税务总局《试点地区农村信用社税收政策的通知》	财政部、国家税务总局关于《试点地区农村信用社税收政策的通知》	财政部、国家税务总局关于《延长试点地区农村信用社有关税收政策期限的通知》	财政部、国家税务总局关于《农村金融有关税收政策的通知》
政策要点	从 2003 年 1 月 1 日起至 2005 年年底，对西部地区的信用社的营业税暂按 3% 的税率征收；对信用社的企业所得税，对西部地区的信用社的企业所得税试点，一律免征收企业所得税；对其他地区信用社，按其应纳税额减半征收企业所得税；从 2003 年 1 月 1 日起，对试点地区信用社的营业税按 3% 的税率征收	从 2003 年 1 月 1 日起至 2005 年年底，对西部地区和吉林省、江西省试点地区的农村信用社试点的企业所得税暂免征收税；对其他地区信用社，按其应纳税额减半征收企业所得税；从 2003 年 1 月 1 日起，对改革试点地区信用社的营业税按 3% 的税率征收	从 2004 年 1 月 1 日起至 2006 年年底，对参与试点的中西部地区农村信用社的企业所得税暂免征税；其他农村信用社，按其应纳税额减半征收企业所得税；从 2004 年 1 月 1 日起，对改革试点地区农村信用社取得的金融保险业应税收入，按 3% 的税率征收营业税	对上述文件和进一步扩大试点地区农村信用社的企业所得税优惠政策，在执行到期后，再延期三年优惠期限，分别延至 2008 年年底和 2009 年年底，对于改革试点地区的农村信用社已改制的农村商业银行通的，不再享受本通知明确的税收优惠政策	2009 年 1 月 1 日至 2011 年 12 月 31 日，对农村信用社、村镇银行、农村资金互助社、由银行业机构全资发起设立的贷款公司及县以下地区的农村合作银行和农村商业银行的金融保险业收入减按 3% 的税率征收营业税；自 2009 年 1 月 1 日起至 2013 年 12 月 31 日，对保险公司为种植业、养殖业提供保险业务取得的保费收入，在计算应纳税所得额时，按 90% 比例计入减收入

注：政策梳理参考了网址：https://www.docin.com/mobile/detail.do？id=1948164063。

表 3-3 2011—2019 年农村金融税收优惠政策

时间	2014 年 12 月	2016 年 4 月	2017 年 1 月	2018 年 5 月	2019 年 8 月
文件	财政部、国家税务总局关于《延续支持农村金融发展有关税收政策的通知》	财政部、国家税务总局关于《进一步明确全面推开营改增试点金融业有关政策的通知》	财政部、税务总局《关于延续支持农村金融发展有关税收政策的通知》	国家税务总局《支持脱贫攻坚税收优惠政策指引》	财政部《关于金融企业涉农贷款和中小企业贷款损失准备金税前扣除有关政策的公告》
政策要点	自 2014 年 1 月至 2016 年 12 月，对金融机构农户小额贷款的利息收入，免征营业税；对金融机构农户小额贷款的利息收入，在计算应纳税所得额时，按 90%计入收入总额；对保险公司为种植业、养殖业提供保险业务取得的保费收入，在计算应纳税所得额时，按 90%计入收入总额；中国农业发展银行涉农贷款取得的利息收入，可选择适用简易办法计算税缴纳增值税	2016 年 5 月起，在"营改增"试点期间，农信社、村镇银行、农村资金互助社、由银行业金融机构全资发起设立的贷款公司、法人机构在县域及县以下地区的农村商业银行、农村合作银行提供金融服务收入，可选择使用简易计算方法按照 3%征收率计算缴纳增值税。对中国农业企业改革试点的县域支付提供农户贷款、农村企业和各类组织涉农贷款取得的利息收入，其各分支机构涉农贷款取得的利息收入，可选择适用简易办法计算税缴纳增值税	小额贷款的利息收入，免征增值税。对金融机构农户小额贷款的利息收入，按 90%计入收入总额。对保险公司为种植业、养殖业取得的保费收入，在计算应纳税所得额时，按 90%计入收入总额	其中包括支持贫困地区基础设施建设税收优惠、农田水利建设税收优惠，优化涉农产业发展；推动农村土地资源配置税收优惠、促进农业生产税收优惠、激发贫困地区创业就业活力；小微企业群体、重点群体创业就业税收优惠；银行业就业金融机构贷款税收优惠、小额贷款公司贷款税收优惠等	2019 年 1 月至 2023 年 12 月，对其涉农贷款和中小企业贷款进行风险分类后，按照以下比例计提贷款损失准备金，准予在计算应纳税所得额时扣除：一是关注类贷款，计提比例为 2%；二是次级类贷款，计提比例为 25%；三是可疑类贷款，计提比例为 50%；四是损失类贷款，计提比例为 100%

3.2.2 农村金融供给分析

3.2.2.1 农村金融供给主体分析

农村金融供给体系呈现出二元结构特征，包括正规金融体系与民间金融体系。其中，正规农村金融体系表现为"三位一体"框架结构，非正规金融组织则为民间自发成立的独立于金融监管之外的民间借贷机构、典当机构、私人钱庄等。农村金融供给体系如图3-1所示，正规金融机构与民间金融机构的差异如表3-4所示。

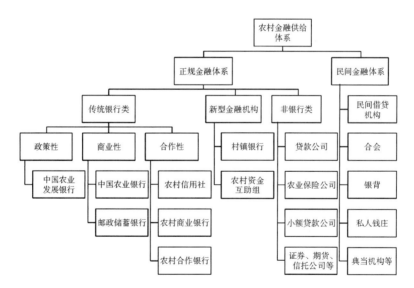

图 3-1 农村金融供给体系

资料来源：中国人民银行。

表 3-4　正规金融机构与民间金融机构的差异

	正规金融	民间金融
特征	地位稳固、高控制力，自上而下设置总部及分支机构	地位相对弱势，发展具有区域性、整体竞争力低
覆盖及满足度	供给与需求契合度不够，风险敞口小，贷款集中在优质客户（农村企业），回避风险较高的小额信贷	服务与需求契合度高，反应灵活，提供小额生活及生产性贷款
贷款利率	涉农贷款以央行规定的基准利率为准，浮动区间由央行规定；政策性强，收益性差	出于逐利目的，通常高于银行利率；收益市场化程度高
贷款成本	征信难度大，信息成本相对较高；运营成本相对高	基于人缘、地缘优势，信息成本较低，但受制于活动范围；运营成本较低
监管	受监管，且有自律体系	缺乏引导和监管约束；过度发展存在被打击、禁止的风险

资料来源：中国人民银行。

由表 3-5 可知，新型农村金融机构中的村镇银行和合作性质的农村商业银行正在逐年增加，成为农村金融机构的主力军，传统的农信社和农村合作银行正在快速减少。整体来看，我国农村金融机构数量增长得非常缓慢（见图 3-2），正规金融机构体系在涉农方面的服务整体处于收缩状态。

表 3-5　全国部分涉农金融机构数量　　（单位：家）

机构	2014 年	2015 年	2016 年	2017 年	2018 年
农村信用社	1 596	1 373	1 124	965	812
农村商业银行	665	859	1 114	1 262	1 427
农村合作银行	89	71	40	33	30
村镇银行	1 153	1 311	1 443	1 562	1 616

表3-5（续）

机构	2014 年	2015 年	2016 年	2017 年	2018 年
贷款公司	14	14	13	13	13
农村资金互助社	49	48	48	48	45
合计	3 566	3 676	3 782	3 883	3 943

数据来源：银保监会。

图 3-2　全国部分涉农金融机构数量

资料来源：银保监会。

3.2.2.2　农村金融供给贷款余额分析

　　表 3-6 和图 3-3 展示了 2013—2017 年全部金融机构本外币"三农"贷款余额情况。由表 3-6 和图 3-3 可知，2013—2017 年，"三农"贷款的余额尽管在增加，但增速逐年放缓。2013 年年末，农村贷款余额、农户贷款余额以及农业贷款余额分别为 17.29 万亿元、

4.5 万亿元以及 3.04 万亿元；而 2017 年年末，农村贷款余额、农户贷款余额以及农业贷款余额分别 25.1 万亿元、8.1 万亿元以及 3.9 万亿元，为分别 2013 年的 1.45 倍、1.8 倍以及 1.28 倍。这表明，贷款增长总量较少，不利于"三农"发展。

表 3-6　2013—2017 年全部金融机构本外币"三农"贷款余额情况

时间	2013 年	2014 年	2015 年	2016 年	2017 年
农村贷款余额/万亿元	17.29	23.60	21.61	23.00	25.10
同比增长/%	18.90	13.00	11.12	6.50	9.30
农户贷款余额/万亿元	4.50	5.40	6.15	7.08	8.10
同比增长/%	24.40	17.00	14.80	15.20	14.40
农业贷款余额/万亿元	3.04	3.40	3.51	3.66	3.90
同比增长/%	11.60	9.70	5.20	4.20	5.70

数据来源：中国人民银行。

图 3-3　2013—2017 年全部金融机构本外币"三农"贷款余额情况

资料来源：中国人民银行。

3.2.3 农村金融需求分析

我国居民的储蓄率较高，尤其是农村地区居民。近年来，尽管我国农村居民的收入增长较快，带动了一些消费，但总体仍是以储蓄为主。农业税费改革以及一系列农业政策的出台，为农业生产和农村经济发展带来新的机会，也引发新的生产性信贷需求和消费信贷需求。

3.2.3.1 农户贷款需求

资金需求满足程度直接关系到"三农"问题的解决。表3-7展示了2013—2017年我国农村居民人均可支配收入和人均消费支出的基本情况。

由表3-7可知，首先，农村居民人均可支配收入与人均消费支出逐年增长，2013—2017年农村居民生活水平得到较大提升。具体而言，2013年年底，农民居民人均可支配收入、人均消费支出分别为9 429.56元、7 485.15元。2017年年底，农民居民人均可支配收入、人均消费支出分别为13 432.43元、10 954.53元。2017年的人均可支配收入、人均消费支出分别为2013年的1.42倍、1.46倍。其次，农村居民人均可支配收入与人均消费支出之间的缺口较大，且呈逐年扩大趋势，但占可支配收入的比重逐年下降。2013年年底，农村居民人均可支配收入与人均消费支出的差额为1 944.41元，占可支配收入的20.62%。2017年年底，农村居民人均可支配收入与人均消费支出的差额为2 477.90元，占可支配收入的18.45%。2017年的农村居民人均可支配收入与人均消费支出的差额为2013年农村居民人均可支配收入与人均消费支出差额的 1.27 倍。以上数据表明，随着经济的发展，农民居民收入增加的同时也刺激了新的消费需求，且消费需求逐年增强。这些消费需求，一方面来源于对新的生活方式的适应，另一方面来自生产投资需求的增强。逐年增加的收支差额也进一步引发了信贷资金需求。

表 3-7   2013—2017 年农村居民收入支出基本情况

时间 指标	2013 年	2014 年	2015 年	2016 年	2017 年
农村居民人均可支配收入/元	9 429.56	10 488.88	11 421.71	12 363.41	13 432.43
农村居民人均消费支出/元	7 485.15	8 382.57	9 222.59	10 129.78	10 954.53
收入支出差额/元	1 944.41	2 106.31	2 199.12	2 233.63	2 477.90
差额/人均可支配收入/%	20.62	20.08	19.25	18.07	18.45

数据来源：国家统计局。

3.2.3.2   农村新型经营主体贷款需求

我国土地细碎化，传统小农户仍是农业经营的主体。小农户家庭经营也仍是中国农业经营的主要组织方式。他们的户均经营规模较小，平均为 7.5 亩（1 亩 ≈ 0.066 7 公顷）。虽然他们有一定的信贷需求，但更多表现为生活性消费信贷需求，生产性信贷需求相对较弱。随着农业产业化的发展，农业经营逐渐出现家庭农场、专业大户、合作社、龙头企业等新型经营主体。与传统小农户不同的是，这些新型经营主体具有更强的投资需求和追求更大经营规模的动力。此外，他们当中很大一部分有曾经外出经商和务工的经历，积累了部分原始资本金，再加上自己拥有的技能和社会资本，这有助于他们从事大规模的农业生产经营活动。据统计资料显示，2018 年我国农村家庭承包经营耕地流转面积达到 53 902 万亩，约占承包耕地面积的三分之一，我国经营耕地 50 亩以上的规模经营农户达到 413.8 万户①。随着经营规模的扩大，农业生产也向高投入高产出的生产方式转型。因此，这些规模经营主体必然需要大量的资金投入。并且，农业生产周期长、风险高、及时性强，且农业主体较为分散、缺乏足够的抵押担保物。传统的农村商业金融对这些新型经营主体提供金融服务的动力不足，而民间资本又无法满足他们的多元化信贷需求。

3.2.3.3　农村金融基础设施需求

自党的十八大确立"全面建成小康社会"的目标以来，中央和地方政府就进一步加大了农村金融市场的改革力度。2013 年中央"一号文件"首次明确优先满足农户信贷需求，支持社会资本充分流向农村金融领域，明确农村金融的首要职能是服务、支持"三农"发展，优先满足"三农"资金需求（温涛、王煜宇，2018）。2014年中央"一号文件"首次专章对加快农村金融制度创新做出详尽规定，分别对各类金融机构提出服务"三农"的要求，要求发展新型农村合作金融组织、加大农业保险支持力度，切实发挥金融支农功能。2015 年中央"一号文件"最大亮点在于提出推动农村金融立法，这一年中央还明确提出发展普惠金融的策略，国务院印发《推

---

① 数据来源：农业农村部《中国农村经营管理统计年报（2018 年）》。

进普惠金融发展规划（2016—2020 年）》。十八届三中全会明确提出发展普惠金融。这一系列政策措施的引导和支持，带来的是中央和地方政府对农村金融基础设施持续性投入的增加。然而，我国农村金融基础设施区域和城乡不均衡、体系不健全，以及金融服务"最后一公里"的问题一直未得到解决。

一是农村支付结算工具单一、技术落后，汇兑业务仍以支票、汇票为主。支付是开展各类金融业务的基础环节。目前，我国传统支付结算工具增长乏力。在存取款业务方面，农村信用社广泛使用存折，银行卡正在加大普及力度。截至 2018 年年末，农村地区银行卡发行量为 32.08 亿张，人均持卡量为 3.31 张。其中，借记卡 29.91 亿张，比 2017 年增长 11.13%；信用卡 2.02 亿张，比 2017 年增长 15.60%[①]。自动取款机（ATM）数量增长乏力，交易笔数、金额均呈现小幅负增长。截至 2018 年年末，农村地区自动取款机（ATM）有 38.04 万台，增长 0.82%，万人拥有数量为 3.93 台；当年发生交易 124.06 亿笔、交易金额 21.96 万亿元，分别下降 7.98%、4.73%。POS 机数量、交易笔数基本持平，交易金额有所下降。截至 2018 年年末，农村地区 POS 机 715.62 万台，比 2017 年增长 0.58%，每万人拥有 73.90 台。当年发生交易 25.14 亿笔，微增 2.29%，金额为 6.79 万亿元，下降 7.76%[②]。整体来看，由于金融机构营业网点覆盖率不够，支付结算手段单一、技术落后等，农村居民尤其是偏远农村地区居民基本难以被覆盖，农村居民基础的金融服务需求尚难以被满足，其他金融业务也难以得到有效发展。

---

① 数据来源：中国人民银行《2018 年农村地区支付业务发展总体情况》。
② 同①。

二是农村信用体系缺乏，农村金融服务难以拓展。2017 年中央"一号文件"明确提出"加快农村金融创新"。创新的前提是要有信用体系基础环境的支持。然而，从实际看，农村居民征信体系基本空白。要想发展农村金融业务，满足多层次农业经营主体的差异化资金需求，农村信用体系建设至关重要。

如表 3-8 和图 3-4 所示，近几年来，我国农村人口的信用建档户数增长缓慢，信用体系建设落后是农村金融发展的一大障碍。

表 3-8　2010—2017 年农村人口信用建档情况（单位：亿）

年份	2010 年	2011 年	2012 年	2013 年	2014 年	2015 年	2016 年	2017 年
信用建档数	1.34	—	1.48	1.51	1.60	1.59	1.72	1.75
信用评定数	0.83	—	0.98	—	1.00	1.12	1.22	1.20
农村人口数	6.74	6.57	6.42	6.3	6.19	6.03	5.90	5.80

数据来源：中国人民银行、银保监会。

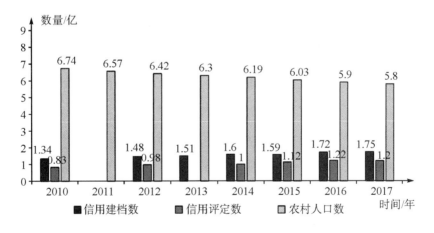

图 3-4　2010—2017 年农村人口的信用建档数

资料来源：中国人民银行、银保监会。

3.2.4 农村金融供需匹配问题分析

目前，农村金融服务供给和需求之间仍存在较大的差距，具体表现为以下四个方面。

一是服务"三农"的金融资本较少，无法满足农村居民日渐增长的多元化金融需求。尽管 2004 年以后，我国现代农村金融服务体系逐渐建立，但其整体对"三农"的服务能力仍然不足。一方面，农业生产的保障性体系尚未建立，农业生产的高风险、低产出、长周期特征一直存在。农村金融为"三农"提供服务时始终面临成本高、风险高以及收益低的问题。出于商业性金融逐利的本性，传统金融市场上的主体很难有较强的动力为"三农"发展提供大量的金融资本。另一方面，农业规模化和产业化发展，催生了大量新型主体，产生了差异化、多层次的资金需求。然而，这些基于农村家庭经营基础成长起来的新型经营主体，除了多了一些社会资本和专业技能之外，本质上仍是农民，仍然拥有小农户信贷的特征，不具备大规模经营管理的能力和抵抗风险的条件。最为关键的是，这些经营主体对生产性信贷资金的需求更大，对金融产品与服务的要求也更高（张静，2019）。农村金融市场上既有的服务"三农"的金融机构也因自身经营规模小、不良贷款率高、亏损较严重、融资能力有限等问题，难以充分满足农民日渐增长的多元化金融服务需求。

二是农民抵押物单一、缺乏有效担保人，"贷款难"问题严重。在传统金融市场上，金融机构为了缓释和降低违约风险，往往会要求借款人提供有效的抵押担保物，可以保证、抵押和质押等方式获得贷款。然而，大多数农村居民都不满足这一条件，所以被排斥在金融市场之外。土地资产是农村居民最为重要的财产。2008 年，在中央政府的政策文件指导下，中国人民银行探索开展农村土地承包经营权抵押贷款。经过七年探索，2015 年 12 月国务院启动农村承包土地经营权和农村居民宅基地住房财产权抵押（简称"两权"抵押）试点工作，并提出在 253 个和 59 个省市县地区分别开展"两权"抵押试点。试点工作在政府的主导和支持下迅速开展。农业经营主体参与试点的积极性较高。然而，受限于法律法规、产权交易薄市场、交易成本高等因素，农村金融机构参与"两权"抵押试点的积极性并不高。农业经营主体仍然难以提供其他有效抵押担保物来获得信贷缓解资金约束问题。

三是农村信用体系不完善，信贷业务受阻。我国农户的信用体系尚不健全，金融机构因信用信息不全无法为农户提供贷款服务，加剧了贷款难的问题。农村征信体系不健全有三方面原因：一是农村居民参与经济活动较少，有效的征信数据记录不足，人口分散，相关的信息搜集成本高、难度大。部分金融机构开展信贷的数据也是来源于中国人民银行既有的企业和个体征信数据库，信息不全，也未能及时更新。它们也不愿意投入新的成本去补充和更新既有的征信数据库。二是传统的农村社会更看重亲缘、血缘以及地缘关系，并在此基础上建立信任，往往缺乏专业的信用教育。在亲缘、血缘以及地缘关系之外，人与人之间相对闭塞、缺乏信任。三是很多农村居民缺乏有效抵押担保物，因较高的风险和成本投入，传统商业银行不愿涉及农村金融市场，这加剧了农村居民自身对正规金融机构的排斥，转而更多考虑民间借贷来满足资金需求。

四是互联网基础设施建设不足，数字普惠金融在农村地区推广有待深化。随着"互联网+"的兴起,互联网技术在金融领域的应用使得金融服务变得更加便捷、金融产品更加全面。然而,由于农村地区基础设施落后、不同地区各方面差异较大,无法通过一种模式完成全国范围的数字化普惠金融模式的建立,所以数字化普惠金融服务模式并没有在农村地区完全实现(张静,2019)。

3.2.5 数字金融产生及发展的逻辑

数字金融产生以及不断发展壮大的原因主要体现在五个方面:

一是传统金融业存在的金融资源错配、配置效率低的问题为数字金融发展提供了业务空间。尽管实施金融深化改革以来,我国宏观经济发展中的货币供给量增长迅速,但为经济贡献75%以上的大量中小企业融资困难的问题一直未得到有效解决。同时,超过5亿人口的农村居民一直面临的"融资难、融资贵"问题以及金融服务"最后一公里"问题也未得到有效的解决。在中国,商业金融主要的服务对象为大中型企业,尤其是国有企业。从金融逐利的本质而言,大中型企业,尤其是国有企业可以提供更好的资金回报,金融机构也能以较低的成本和在风险水平上进行资金管理。但这违背了普惠金融的基本理念。然而,也正是传统商业金融中存在的这些商业规则和运行约束,为数字金融的发展提供了契机。数字金融以其"降低信息不对称、低交易成本、广覆盖、突破物理空间距离"等优势,迅速为大量的中小微企业、低收入群体、农业经营主体等群体开创了一个自由、灵活、便捷、高效、安全、低成本、不问地位高低、不计财富多少、人人可以参与的新的金融运行结构。而这个结构可以有效缓解这些群体的资金约束问题。

　　二是传统金融业面临信息不对称问题，难以满足经济快速增长带来的多元化金融消费需求。随着经济的发展，人民对物质生活的需求日益增长且趋于多元化。金融作为服务实体经济的重要工具，其服务也亟须转型升级以适应社会经济的发展。传统金融服务面临由严重信息不对称造成的较高交易成本，金融机构为中小微企业、农民以及低收入群体等"尾部"群体提供服务的动力不足。他们的多元化信贷需求难以得到满足。中小微企业和农业经营主体尚未形成规范的财务制度，不能提供有效的财务信息和税务信息记录。同时，这些群体又缺乏有效担保物。他们的金融需求交易量小且交易频繁。上述这些特征将会产生高水平的信息不对称。因此，对于传统金融机构而言，这些群体很难得到他们的青睐和重视。而低收入群体除了在信息不对称问题上表现不佳，更重要的是其收入低且不稳定，表现出更低的偿债能力和更高的违约风险。传统金融机构则表现出更低的金融服务供给意愿。而数字金融的发展可以有效改善金融服务供给中存在的信息不对称、不确定性与复杂性、有限理性以及投机主义带来的成本与风险。数字金融以其"低交易成本、广覆盖、突破物理空间距离"等优势，可以在任何时间、任何地点，满足金融消费者的多元化信贷需求。

　　三是互联网尤其是移动互联网的快速发展为数字金融提供技术支撑条件。互联网是利用通信设备和线路将不同地点的、功能相对独立的计算机系统互连起来，以功能完善的网络软件实现网络资源共享和信息交换的数据通信网。互联网技术是数字金融的基本依托，为数字金融发展提供有效的设施基础和发展环境。据统计数据显示，截至 2020 年 12 月，我国网民的数量已达 9.89 亿，其中手机网民数量达 9.86 亿，较 2020 年 3 月的数据分别增长 8 540 万和 8 885 万，网民中使用手机上网的比例为 99.7%①，手机网民数的增长速度远远大于总的网民数量增长速度。互联网尤其是移动互联网的快速发展，为数字金融业提供了发展的技术条件。

四是长尾客户金融需求得到充分满足，有效缓解了信贷约束。传统金融的运作逻辑在于重点关注"二八定律"中的头部经济效益，忽视了尾部需求，而数字金融的发展逻辑在于满足尾部群体的多元化需求。"二八定律"指出产品需求曲线上头部需求占比小且集中，但尾部需求量大且分散。因此，企业往往把大量的精力用于关注头部经济需求所需的主流产品，而忽视处于尾部的大量分散需求。长尾理论则认为，尾部需求量大，交易成本低，信息相对充分，关注尾部需求而产生的总体效应会超过头部需求带来的效应。换言之，因交易成本低，只要有生产，产品就会有消费者购买。拓展到金融市场，则为只要有信贷需求，就可以提供相应的信贷服务。数字金融的快速发展，就是因其具有"减少信息不对称、降低交易成本、广覆盖、突破物理空间距离"等优势，能够给那部分尾部群体提供有效的金融服务。

五是大数据有效补充了征信数据库，优化了风险管理手段，有效解决了担保物不充分的问题。信用风险是传统金融中的基础风险。提供有效担保物缓释风险是传统金融机构的手段。然而，数字技术的发展，为搜集经营主体的资产规模、财务状况、资金流量、税收、

---

① 数据来源：中国互联网信息中心，第 47 次《中国互联网络发展状况统计报告》，中国互联网络信息中心（cnnic. net. cn），http://www.cnnic.net.cn/hlwfzyj/hlwxzbg/hlwtjbg/202102/t20210203_71361. htm。

生产数据等信息提供了技术支持。互联网平台所产生的云数据，客观地描述了相关交易主体的履约状况和信用水平，真实展现了其商业行为轨迹，也更真实地反映出不同交易主体的债务偿还能力。而从实际应用情况看，依据大数据测算形成的组织或个体信用风险的判断结果确实要比传统金融中利用先验信息评价的结果更加准确和客观。因此，这些数据可以为金融机构识别信用风险、重新定价提供重要依据。

3.2.6　农村数字金融发展的政策环境分析

近年来，中央和地方政府一直在大力支持农村金融和农村数字金融的发展，出台了许多相关政策。表3-9展示了2009—2019年有关农村金融、农村数字金融的相关政策。

表 3-9 2009—2021 年农村金融、农村数字金融相关政策

时间	文件	主要内容
2009 年 4 月	《中央财政新型农村金融机构定向费用补贴资金管理暂行办法》	财政部对上年贷款平均余额同比增长达到中国银保监会监管要求的新型农村金融机构和农村资金互助社,当年贷款平均余额同比增长,且上年贷款平均余额比上年存款平均余额高于 50% 且达到中国银保监会监管要求的村镇银行,按其上年贷款平均余额的 2% 给予补贴,补贴作为中央财政农村金融机构当年收入核算
2010 年 5 月	《中央财政农村金融机构定向费用补贴资金管理暂行办法》	中央财政对当年贷款平均余额同比增长,且上年贷款平均余额比上年存款平均余额高于 50% 且达到中国银保监会监管要求的村镇银行,按其上年贷款平均余额的 2% 给予补贴,中央财政农村金融服务薄弱地区的村镇银行(网点),按其上年贷款平均余额的 2% 给予补贴
2014 年 3 月	《农村金融机构定向费用补贴资金管理办法》	对符合下列条件的新型农村金融机构,按其当年贷款平均余额的 2% 给予补贴:当年贷款平均余额同比增长;村镇银行贷比为 50%(含);当年涉农贷款平均余额占全部贷款平均余额的比例不低于 70%(含);当年财政部门认定的银行业金融机构服务薄弱地区的机构,对西部地区的村镇银行,财政部按其当年贷款平均余额的,新型农村金融机构不重复享受补贴
2018 年 12 月	《关于进一步促进农业振兴的若干意见(网点)》	专项资金用于安排支出对新型农村金融机构和中西部基础金融服务薄弱地区的银行业金融机构(网点),给予一定补贴,扩大支持农村金融组织体系建设,农村金融服务覆盖各项条件的新型机构,农村金融机构门按照当年贷款平均余额超过其当年的 2% 给予补贴
2019 年 2 月	《关于有效发挥政府性融资担保基金作用切实支持小微和"三农"发展的指导意见》	强化养殖保险和贷款支持,完善奶牛养殖保险政策,提高保障水平,减少养殖风险。结合地方实际探索开展生鲜乳目点、稳定养殖收益预期,将小牧场预期纳入全国农业信贷担保体系子以支持
2019 年 2 月	《关于金融服务乡村振兴的指导意见》	明确了相应阶段内金融服务乡村振兴的目标,同时指出,金融改革要坚持农村金融机构回归本源,积极组织领导金融支持乡村振兴,明确金融资源回归本县域,强化资源向乡村倾斜力度,增加金融服务供满足乡村振兴多样化的金融产品和服务功能,分发挥、建立健全多渠道资金供给体系,加强金融基础设施建设
2019 年 5 月	《数字乡村发展战略纲要》	文件提出到 2020 年,数字乡村建设取得初步进展;到 2025 年,数字乡村建设取得重要进展;到 2035 年,数字乡村建设取得长足进展,到本世纪中叶,全面建成数字乡村,助力乡村全面振兴、农业农村现代美,实现农业强、农村美、农民富的战略目标
2020 年 4 月	《关于做好 2020 年银行业保险业服务"三农"领域重点工作的通知》	从明确 2020 年"三农"领域重点工作。优化金融扶贫模式、推进金融产品和服务优化,推进金融扶贫工作,加强金融服务乡村振兴,引导金融服务覆盖,推进普惠金融,深化农村金融改革,推进农区金融综合改革试验区建设,农村金融风险防控七个方面提出工作要求
2021 年 2 月	《中共中央国务院关于全面推进乡村振兴加快农业农村现代化的意见》	坚持为农服务宗旨,持续深化农村金融改革,运用财政支农贷款贴现等政策,实施金融惠农政策,稳存款精准对接,加大对农村金融法人机构的支持,推动农村金融回归本源,保持县域法人等社村金融机构地位和数量总体稳定,做好监督管理,风险化解,深化改革工作

3.3 数字金融发展历程

3.3.1 数字金融萌芽期

数字金融的发展最早可以追溯到 20 世纪。以 PayPal 为代表的移动支付平台在 20 世纪末就已出现。2000 年年初，美国的 Confinity 公司推出了 PayPal 转账系统并被用作 eBay 拍卖交易的支付系统。截至2000 年 4 月，超过 100 万笔的 eBay 拍卖交易通过 PayPal 交易，PayPal 交易占到 eBay 交易的 25%。我国的数字金融的萌芽期是 20世纪 90 年代至 2005 年，这一时期主要为传统金融对互联网化的初步尝试。传统金融机构在本阶段开始运用计算机，其主要原因是第一代普用计算机开始生产。1997 年招商银行网站开通，部分金融业务的办理从银行营业网点现场转移到网上。2003 年 5 月，淘宝网诞生。依托互联网技术，淘宝商城的交易都在网络上进行。传统的现金或者银行转账手段无法满足电子商务交易的需求。随后，2003 年10 月，淘宝网首次推出支付宝服务。淘宝网和支付宝的相继出现，使电子商务这种新的商业运作模式也随之得到发展，并为数字金融的发展提供了更为广阔的应用舞台。中国数字金融的起始点可以从2004 年支付宝账户体系上线算起，但业界通常将 2013 年余额宝开张视为中国数字金融发展的元年（黄益平、黄卓，2018）。

3.3.2 数字金融快速发展期

我国数字金融的快速发展期是 2005—2012 年。这一时期，金融和互联网的融合从早期的技术层面逐步深入到业务领域，支付宝等第三方支付平台、P2P 网贷平台、众筹等互联网新兴模式相继出现。2007 年中国第一家 P2P 网贷平台"拍拍贷"成立，由于利率市场化及金融脱媒的趋势加速，进入 2010 年以后，P2P 网贷呈现快速增长态势。2011 年中国第一家众筹平台"点名时间"开业。2011 年 11 月首家股权众筹平台"天使汇"上线。2010—2012 年，三方支付交易规模从 3.2 万亿元增长到超过 10.9 万亿元，三方支付牌照已经发放了 250 多个，其中从事互联网支付的企业有 97 家，另有 150 多家为预付卡公司。一些银行、券商也以互联网为依托，对业务模式进行重组改造，加速建设线上创新型平台，数字金融的发展进入了新的阶段。

3.3.3　数字金融蜕变期

我国数字金融的蜕变期是 2013—2015 年。这一时期，数字金融开始真正走进千家万户的生活。2013 年是中国数字金融元年，数字金融的各种业态基本呈现。其标志性事件就是余额宝的出现，余额宝打破了传统银行对于储蓄理财的垄断。2013 年 6 月，支付宝和天弘基金推出"余额宝"，从推出之后短短三个月的时间，其规模就达到了 500 亿元，并且，天弘基金的规模在 2013 年刚成立时仅为 2 亿元，至 2018 年 9 月，已达 1.323 2 万亿元。之后各种类似的数字金融产品纷纷被推出，开启了全民网络理财的新时代。2013 年 9 月，我国第一家互联网保险公司"众安保险"成立，广大保险投资者多了一种新的选择。2013 年，电商巨头京东推出"京保贝"快速融资业务，开始涉足小额贷款业务。腾讯推出微信支付，加剧了第三方支付的竞争。2014 年 12 月，总部位于深圳的中国首家数字银行"微众银行"成立。这一时期，新兴数字金融模式已经逐渐渗透到传统金融的各个领域。

3.3.4 农村数字金融拓展期

数字金融渗透农村地区的拓展期是 2015 年至今。这一时期，数字金融创新与农村金融相互融合。长期以来，我国农村金融市场表现出金融抑制的特征，加之农业生产的独特性、"三农"领域征信体系的不完善等原因，农业领域在投融资方面的需求没有得到有效满足。产生于信息经济、金融抑制以及利率市场化背景下的数字金融，具有轻应用、碎片化理财等属性，为农村融资拓展了新渠道，降低了融资成本，所以更易受到农业企业和农村经营者青睐。2015 年，京东金融发布农村金融战略，将充分发挥京东在渠道下沉、电子商务、数字金融的巨大优势，紧扣以"农产品进城""工业品下乡"为核心的农村经济闭环，设计和打造具有京东特色的农村金融模式。同年，大北农顺应同行转型大潮，宣布转战互联网。更有众多 P2P 网贷平台和众筹平台相继出现。这一时期，新兴数字金融模式已经逐渐渗透到传统农业的各个方面。2016 年，蚂蚁金服成立农村金融事业部，形成三大服务平台，服务三类不同的金融消费者。

3.4 农村数字金融发展现状分析

3.4.1 农村数字金融服务的优势

一是提供服务的成本低。农村数字金融服务的成本包括业务宣传成本、信息搜寻成本、合同签署成本、合同执行与履行成本、服务供给监管成本等。相较于传统金融机构，数字金融服务平台在业务宣传、客户信息搜寻、合同执行监管等方面呈现出显著的优势。具体而言，数字金融服务平台不需要通过大量增加营业网点、投放电视广告、增贴宣传海报、增加业务宣传人员等方式来宣传自己的产品与服务，而是可以基于网络经济与平台经济的优势，在泛社交平台上开展网络宣传，发挥网络的单边效应与跨边效应，实现链式的倍数效应。当然，由于交易都在网络上进行，数字金融服务平台投入的人员也相对较少，更多的是依赖数字技术的支撑。

二是服务的覆盖范围广。相较于传统金融依赖于物理服务网点增加来扩大覆盖范围，数字金融服务更多依赖于互联网自身传播速度快、覆盖范围广、信息交换成本低等优势进行广泛的覆盖。因此，只要是互联网信号和移动信号可以覆盖到的地方，数字金融服务就可以覆盖到。换言之，金融消费者只要手中拥有一部有网络信号的手机，即可完成信息查询、业务办理等相关的金融消费过程。据统计，我国 2018 年智能手机普及率为 68%。智能手机的普及为数字金融的广覆盖提供了基础。

三是大数据优势。互联网金融中的金融机构可以根据客户的浏览信息、地理位置、购买信息、发言以及客户的人际关系推断出客户的信用与需求，从而挖掘客户并为客户量身定制金融产品。例如，蚂蚁金服的支付宝便根据用户的淘宝购物信息、支付宝消费信息以及支付宝好友等判断用户的信用信息。这些信息直接影响用户的芝麻信用与蚂蚁借呗的开通和额度发放等。京东白条的额度也是根据用户在京东平台上的消费信息来判断的。

四是行业门槛低，金融产品与服务更易发挥创新优势。数字金融门槛低、交易方式灵活、交易成本低以及风险管控成本低等特点促使数字金融产品的创新相较于传统金融要容易很多。传统的借贷、证券、债券等很难有较大的创新突破。然而，在数字金融快速发展的近几年（2013 年至今），各种互联网金融产品层出不穷。P2P 借贷、信用借还、互联网金融保险等产品数量屡创新高。例如，淘宝保险中上架的驾考无忧险、驾考单科险、证件丢失险、恋爱险、新冠疫情险等。

3.4.2　农村数字金融服务供给分析

一是农村数字金融服务供给总量不断扩大。得益于数字金融的门槛低、交易方式灵活、交易成本低以及风险管控成本低等特点，农村数字金融凭借大量高科技信息技术企业、电子商务平台、传统金融机构的加入，实现了资金在城市与农村之间的高水平对接与匹配，有效缓解了农村地区金融市场信贷配给问题。其服务供给总量与规模逐渐扩大。

二是农村数字金融服务供给主体和种类增多。在全面实施乡村振兴战略的背景下，随着数字中国以及数字乡村建设进程的加快，更多的数字金融服务平台和模式在农村地区应运而生，为农村居民带来了更加广泛、更高水平的金融产品与服务。而金融供给主体的增加，可增强市场竞争，进而提高金融消费者的服务可及性和可得性，有效满足不同农业经营主体的多元服务需求。

三是农村数字金融服务模式创新有限。大量专业人才是金融产品与服务创新的重要前提。尽管数字技术为数字金融创新提供了良好的基础，但受限于新技术的普及，农村地区相关的专业人才明显不足。加之农村地区金融市场有待完善、数字金融支持政策有待强化和数字金融基础设施建设有待加强等方面的因素，在农村地区开展产品与服务创新的条件仍然有限。

四是仍然面临农村数字金融征信不足困境。目前，农村数字金融在农户个人信用评价方面存在严重不足，加剧了贷款难的问题。农村征信体系不健全有三方面原因：一是农村居民参与经济活动较少，有效的征信数据记录不足，人口分散，相关的信息搜集成本大、难度大。部分金融机构开展信贷的数据也是来源于中国人民银行既有的企业和个体征信数据库，信息不全，也未能及时更新。它们也不愿意投入成本去补充和更新既有的征信数据库。二是传统的农村社会更看重亲缘、血缘以及地缘关系，并在此基础上建立信任，往往缺乏专业的信用教育。在亲缘、血缘以及地缘关系之外，人与人之间相对闭塞，缺乏信任。三是很多农村居民缺乏有效抵押担保物，因较高的风险和成本投入，传统商业银行不愿涉及农村金融市场，这加剧了农村居民自身对正规金融机构的排斥，转而更多考虑民间借贷来满足资金需求。农村金融征信不足问题，也将给农村数字金融造成系统性风险和非系统性风险。

3.4.3　农村数字金融服务需求分析

一是农村金融业务的潜在市场需求。农村金融消费潜在需求显著，传统金融业难以实现全覆盖。据《2019 中国银行业社会责任报告》显示，截至 2019 年年末，银行业金融机构发放的金融精准扶贫贷款余额为 3.96 万亿元，较年初增加 3 403 亿元；扶贫小额信贷累计为 4 270.16 亿元，余额为 1 865.48 亿元；累计支持建档立卡贫困户 1 035.73 万户次，余额覆盖户数 470.71 万户；银行业金融机构通过机构网点、机具服务、流动服务等方式将基础金融服务覆盖到 832 个国家扶贫开发重点县的 16.63 万个行政村，覆盖率达 99.30%；在 412 个县设立村镇银行，覆盖率接近 50%[①]。同时，银行业金融机构积极践行乡村振兴战略，加大服务创新。例如，中国农业发展银行围绕大力推进农业现代化发展和乡村产业振兴，全年创新条线累计发放贷款 2 193 亿元；大力支持高标准农田建设、土地整治和农业科技创新，截至 2019 年年末，农地贷款余额达 1 257 亿元；积极响应中央加快恢复生猪生产有关部署，全年累计发放生猪全产业链贷款 156 亿元。由这些数据可知，政府部门和金融机构齐力在优化农村金融发展环境，激发农村居民释放更多的潜在消费需求。同时也可以看到，传统金融机构物理网点的覆盖率仍不够高。而数字金融利用互联网技术的优势可以延伸到更广阔的农村地区，为更多农村居民提供服务。

二是传统农村金融机构的转型升级需求。传统农村金融机构主要有农村商业银行、小额涉农贷款公司、邮政储蓄银行等，其提供的贷款主要为供助学贷款、财政贴息、政府农业补贴等，在一定程度上可以满足中等规模农业经营主体的资金需求。但对于大多数的普通农户而言，他们还是会被排斥在金融市场之外。与此同时，对于那些大规模以及超大规模的农业经营主体，因其经营规模较大、设备更新换代升级费用高，他们对信贷资金的需求较大，但又缺少

---

① 数据来源于《2019 中国银行业社会责任报告》。

足以提供担保的抵押物，传统金融机构很难满足这部分群体的转型升级需求。尽管农村数字金融在一定程度上给传统金融机构带来冲击，但也助推了它们转型升级，比如促使银行推出互联网金融产品、优化产品体系、提高服务质量等。

三是农业金融服务的多样化需求。随着经济的快速发展以及互联网的普及，农村居民对于金融服务的需求也由传统的单一结算转向借款、投资理财、购物消费、财务规划以及风险管理等新要求。而数字金融的发展为满足农村居民的多元化需求提供了条件和可能。

四是农村居民对农村数字金融服务的认知提高需求。尽管互联网技术发展较快，但对于很多农村地区而言，较低的教育水平，尤其是数字教育水平，使得很多农村居民仍存在技术接入鸿沟和使用鸿沟。数字技术发展初期，有很多农村居民面临"不会用"和"不能用"状况。同时，部分居民因早期数字技术认识不足而受到金融犯罪活动的侵害，这导致他们"不敢用"的状况。换言之，事实上，随着数字乡村进程的加快，这些群体需要去逐渐改变观念认识数字技术，以适应新时代经济的发展要求。因此，农村数字金融服务更应该充分发展，以提高农户对农村数字金融服务的认知水平。

3.4.4 农村数字金融服务存在的主要问题

一是信用信息分割、"数据孤岛"的现象普遍。信息与数据是互联网金融的核心。对于农户而言，关于个体的特征数据已被收集，但是分散在各个部门与机构，目前也没有对这些数据进行整合的机构，整合难度大。想要通过数据进行分析从而控制风险变得较为困难，只能通过实地调研来进行风控。对于农业生产而言，我国不同地区存在不同的农业生产模式、农业生产品种等，这更加需要丰富的农业生产数据来对农业生产的风险进行评估与分析。但是目前并没有整合这些数据的权威数据库，所以农村互联网机构就不能对农业的某个特定行业或产品的风险进行全面精确的评估，只能按照已有的一般评估模型进行评估，体现不出互联网金融的优势。

二是农村居民对数字金融服务的认知不足。农村居民普遍学历与文化水平不高，传统封闭的思想使得他们对互联网新生事物望而却步，接受较困难。同时，数字教育体系不够完善，使得他们面临较大的数字鸿沟。从互联网使用范围看，农村地区的互联网普及率远低于城镇地区。例如，截至 2020 年 12 月，我国农村网民规模为3.09 亿人，占网民整体的 31.3%；我国城镇地区互联网普及率为79.8%，而农村地区互联网普及率为 55.9%①。

三是开展农村数字金融产生的额外成本使得其成本优势逐渐弱化。依据交易成本理论可知，农村数字金融服务的成本看起来似乎确实比传统的金融机构服务降低了不少，但实际效果并不理想。因为目前数据信息并不完善，获取的数据不能体现用户的全貌，所有当前提供农村数字金融服务的主流平台都是采用"线上+线下"的方式来开展活动、收集信息数据。而对于一个缺乏相关信用记录的农户来说，如果从头开始对其建立数据集并进行信用评估，其成本将高达 1 000~5 000 元。同时，因数字金融并非内生于农村地区，相较于传统金融机构中提供涉农服务的农商银行、农信社、邮储银行等，数字金融在农村地区的发展尚缺乏一定的信用基础。因此，在

---

① 数据来源：中国互联网信息中心，第47次《中国互联网络发展状况统计报告》。

大范围得到应用前，农村数字金融服务平台需要投入大量的人力、物力以及资金成本，进行前期的线下信息搜集和信用宣传等经济活动。从早期发展而言，数字金融仍然面临较高的成本。

3.5 市场主导型农村数字金融服务模式的现状分析

农村数字金融服务模式可以分为三类：基于电商平台的链式金融模式、基于农业产业链的链式金融模式和涉农数字金融平台模式。基于电商平台开展农村数字金融业务的机构往往依托自身电商平台的优势，打造一个"工业品下乡"和"农产品进城"的双轨 B2C 电商服务平台，再根据数据优势建立一套信用风控模型，并通过与银行、小额贷款公司来机构合作来获取资金，从而推进农村农户的消费金融业务和网上借贷业务。而基于农业产业链优势开展农村数字金融业务的主要是一些传统"三农"服务商，依靠线下资源优势和客户信用数据累积优势，与互联网技术相结合，并打通自有供应链关系，建立起特有的农村数字金融生态圈。此外，涉农数字金融平台主要是 P2P 网贷平台和众筹平台，其一般的运营方式是依靠线下地推获得客户，并以熟人借贷的方式开展业务。

3.5.1 基于电商平台的链式金融模式

基于电商平台的链式金融模式是指电商平台充分利用互联网和信息技术，并结合其拥有的大量用户数据，为与平台产业链相关联的"三农"客户提供包括在线支付、资产管理、小额贷款等在内的一系列综合性金融服务。基于电商平台开展农村数字金融业务，电商平台是整个农村金融平台运转的核心点，这类机构往往依托自身电商平台的优势，建立线下实体体验店或电子商务服务站，并大力完善自有农村物流体系，打造一个"工业品下乡"和"农产品进城"的双 B2C 电商服务平台。大数据是农村电商金融平台运行的基石。随着农村电商服务逐渐成熟，电商平台积累了农户消费者的购买数据及销售者和供应商的信用数据后，再根据数据优势建立一套信用风控模型，并将其与信贷额度、信贷利率挂钩，通过与银行、小额贷款公司等机构合作获取资金，从而推进农村农户的消费金融业务和网上借贷业务，形成一个体系完整的农村数字金融闭环。蚂蚁集团、京东金融、一亩田和云农场就是基于电商平台的链式金融模式，其拥有大量的客户交易数据，利用自身已经发展较为成熟、拥有大量客户的平台发展互联网小额贷款等业务，科学、准确、有效地服务于农户和小微企业。

3.5.1.1 依托阿里巴巴的蚂蚁金服

平台概况：阿里集团是当今发展最快、业务最全的互联网金融公司之一，其掌握着大量的核心数据资源。阿里巴巴充分利用自身在平台建设、交易支付、大数据等方面的优势，集合优质资源来发展互联网金融业务，并将目标市场定位在农村地区。阿里集团旗下的蚂蚁金服以 2004 年成立的支付宝为起点，历经 10 年在 2014 年正式成立。蚂蚁金服起步于支付宝，依托阿里巴巴旗下的零售平台（淘宝、天猫、聚划算）、村淘、菜鸟驿站提供的服务和便利，成为阿里推进农村数字金融服务的重要战场。2016 年，蚂蚁金服成立农村金融事业部，目前其内部已经形成了三大服务平台，服务三类不同的客户群体。这三大平台分别是：旺农贷平台，旺农保平台和旺农付平台。截至 2017 年 9 月底，蚂蚁金服已为 6 537 万"三农"用户提供信用贷款服务，其中包括 213.4 万家农村小微企业、农村个体工商户和农村种养殖户，并为 1.52 亿"三农"活跃用户提供互联网保障保险服务[①]，为近 1.6 亿"三农"用户提供互联网支付、缴费、转账、充值等便捷支付服务[②]。图 3-5 展示了蚂蚁金服的运营模式。

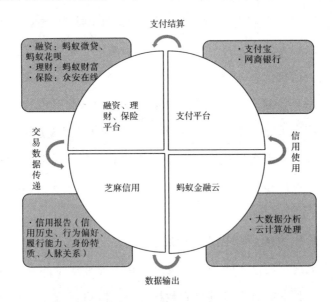

图 3-5　蚂蚁金服运营模式

资料来源：蚂蚁金服官网。

业务模式：自农村金融事业部成立后，蚂蚁金服发现，有迫切金融需求的"三农"客户分为三大类：全国范围内的涉农用户、从

---

① 数据来源于蚂蚁金服官网。
② 数据来源于蚂蚁金服官网。

事小规模经营的农户以及大型种养户。三大类客户呈金字塔结构分布，分别对应金字塔结构的三层不同需求。因此，蚂蚁金服的农村金融主要包括数据化平台模式、"线上+线下"的熟人借贷模式和供应链及产业金融模式三种业务模式。不同的业务模式对应不同的金融服务需求。表3-10描述了蚂蚁金服农村金融三种业务模式的针对群体和市场特点。

由表3-10可知，数据化金融平台模式主要针对农户的小额贷款，满足消费性需求；"线上+线下"熟人借贷模式主要针对中小型生产经营户、农村种养殖户的经营性贷款需求；供应链及产业金融模式主要是针对大规模的新型农业主体的生产需求，其贷款额度较大。

表3-10　蚂蚁金服农村金融三大业务模式

模式	数据化金融平台	"线上+线下"熟人借贷	供应链及产业金融
服务对象	传统农民：农村消费者、普通农村种植养殖户、农村电商及村淘村小二用户	职业农民：中小型生产经营户、中小型农村种养殖户、小微企业及个体经营户	新农人：规模新型农业主体
需求类型	消费需求	经营性需求	生产需求
特征	客户数量大，资金需求小额、分散；信贷资金体量整体最小	客户数量和信贷资金体量方面居于金字塔中间部分	客户数量较小；信贷资金体量最大

资料来源：蚂蚁金服官网。

图3-6展示了蚂蚁金服供应链及产业链金融服务模式。例如，以陕西省周至县的猕猴桃为例，北吉果蔬专业合作社作是周至县极具规模的猕猴桃合作社，社员涵盖当地数百户果农。从这家合作社开始，蚂蚁金服与易果生鲜一起，将精品农业以销定产、互联网普惠金融、

农产品供应链生态的模式推向生鲜原产地。基于对合作社产品的认可及稳定合作，易果生鲜同合作社签署采购协议，在10月底猕猴桃成熟时，将定点采购猕猴桃中的高端品种"翠香"，通过天猫超市的生鲜区推向普通用户。蚂蚁金服对订单进行识别、确认后，蚂蚁金服主导的网商银行给合作社提供低息贷款。同时，为实现易果生鲜对果蔬品质的把控，贷款将通过定向支付工具专项用于从农村淘宝购买易果生鲜指定的农药、农资，并将合作社的采购信息线上传输给易果生鲜，从而实现果品生产过程的全程把控。在这个过程中，蚂蚁金服保险事业部联合保险公司还为线上销售农资、农药提供品质保证保险，确保产品质量无虞。该金融服务模式下农户不用再担心农产品的销售、农业生产资料的投入，甚至无须再出门采购农资，只需要种植好自己的农产品，就能获得稳定的收入。从农业生产经营的投入，到农业生产资料的购买，再到农产品的销售，"金融+电商"的模式覆盖了整个过程的方方面面，形成了一个农产品供应链的闭环。

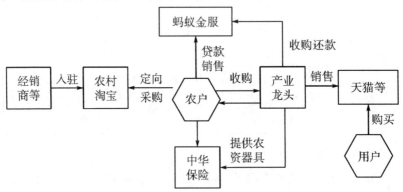

图 3-6　蚂蚁金服供应链及产业链金融服务模式

资料来源：蚂蚁金服官网。

　　产品情况：一是"旺农贷"产品，"旺农贷"是为"三农"用户提供纯信用（无抵押或担保）贷款，专项用于购买农资农具的消费信贷产品。"旺农贷"针对不同的农村经营场景提供最高 50 万元的贷款，无须抵押物也无须担保，贷款期限分 6 个月、12 个月和 24 个月，还款方式包括按月付息、到期还本和等额本金还款两种选择。有贷款需求的农户，可以在当地农村淘宝服务网点工作人员的帮助下，进入"旺农贷"无线端进行申贷，申贷时提供身份信息以及相应的土地、房屋或者门店的资产证明，网商银行在审核通过后将实时放款。"旺农贷"不需要农户的抵押和担保也能发放贷款，依靠的是其独有的运作模式。传统金融机构在农户贷款后是把资金直接发放到农户手里的，而农户在申请蚂蚁金服的农机购置贷款之后，贷款就会发放到农户的支付宝账户中，农户只有在农村淘宝上定向购买农机具时才能够使用。这样就能够避免购买农机具的贷款资金被挪用，也不会出现群体性违约现象，风险相对可控。具体来看，在风控方面，贷前风控利用的是熟人社会模式，仍然是人工操作方式：有贷款需求的农户通过阿里巴巴村淘合伙人申请贷款服务，将申请资料如身份证、户口本、宅基地证（或村委会证明）、项目经营土地或门店资产证明等提交至村淘合伙人，村淘合伙人将申请材料拍照上传至网商银行，网商银行审核通过后，才有可能放款。贷中风控需要实地调查，在农户填写申请表后，蚂蚁金服的风控人员进行实地调查，调查时将申请人信息录入系统，并将资料发送至公司调查审批系统。贷后风控主要是对贷款使用情况进行监控，基于产业链条优势，农户的贷款用途是指定的，农户的贷款资金只能在阿里巴巴平台上购买农资器具，以保证其真实用途。

二是其他产品，除信贷产品及服务外，蚂蚁金服的金融产品还包括"旺农保"和"旺农付"。其中，"旺农保"是保险服务，主要为现代化的农业生产经营提供保障，目前已有的产品包括农民采购农资的质量保证险、信用保证保险、生产过程中的种植险和指数险、销售农产品的品质险；"旺农付"是支付产品及服务，主要是为农户提供互联网缴费、充值、转账等一系列支付服务。

综上，蚂蚁金服依托阿里巴巴开展农村金融服务拥有以下优势：一是平台优势。阿里巴巴是国内市场占有率最大的电子商务交易平台，拥有大量的客户资源和大数据信息资源。二是风险管控优势。支付宝风控体系以大数据为基础，已经达到了风控智能化。据蚂蚁金服官网统计，蚂蚁金服在平均100毫秒内实时进行风险识别与管控，将支付宝的资损率控制在十万分之一以下。另外，蚂蚁金服还创建了有效的风险预警机制。三是征信体系优势。蚂蚁金服首先通过蚂蚁金融云接收支付、融资、理财、保险平台传递的客户行为信息，然后通过第三方征信平台的云计算、机器学习等技术真实展现客户的信用状态。

3.5.1.2 依托京东的京东金融

平台概述：2014年以来，京东农村电商大力实施工业品下乡、农产品进城、乡村金融三大战略，从无到有快速发展。京东已经成为全国农村电商领域覆盖范围广、涉及领域宽、地方政府放心、农村居民满意的互联网企业。京东农村电商项目主要为："3F"战略、京东便利店和京东帮。其中，"3F"战略是指工业品进农村战略（Factory to Country）、农村金融战略（Finance to Country）、生鲜电商战略（Farm to Table），旨在建构从城市到农村的销售网络和从农村到城市的农产品直供渠道，并深入具体消费场景，提供农村金融服务。京东便利店是以京东商业理念赋能的线下门店，提供优质货源，输出品牌、模式和管理理念。京东帮服务店主营大家电配送与安装服务，盈利模式包括配送服务费用、安装服务费用、代客下单佣金等。截至2017年12月底，京东金融已经在1 700个县、30万个行政村开展各类农村金融业务，成长为覆盖农村范围最广、服务农民数量最多的金融科技公司。图3-7展示了京东金融的运营模式。

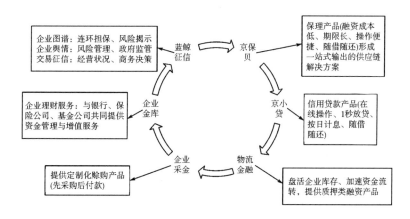

图 3-7　京东金融运营模式

资料来源：京东金融官网。

业务模式：2015年，京东金融发布农村金融战略，将充分发挥京东在渠道下沉、电子商务、互联网金融等方面的巨大优势，紧扣以"农产品进城""工业品下乡"为核心的农村经济闭环，设计和打造具有京东特色的农村金融模式。一方面，在农业生产环节，京东金融覆盖从农资采购到农产品种植，再到加工、销售的全产业链农户的金融需求；另一方面，京东金融聚焦农村消费生活环节，完整地向农民提供信贷、支付、理财、众筹、保险等全产品链金融服务。京东金融以产业链农村金融、产品链农村金融为特色，通过金融服务加速建设和优化农村经济生态，激发农村金融活力，助力农村经济发展，提高农民生活水平。

1. 农业生产环节融资业务流程

在农产品生产、收购、加工、销售等多个环节，农民会产生大量的资金需求。京东金融的整体思路是通过产业链的方式提供金融服务，选择与涉农机构合作，基于合作伙伴、电商平台等沉淀的大数据信息，了解农民的信用水平，并给予相应的授信额度，从而控制风险。比如在生产资料采购端，京东不仅利用自身渠道为农民配送实惠的正品原料，还给农民提供赊销、信贷等服务；在农产品生产环节，京东为农民提供信贷、技术培训等多元化服务；在产品销售端，京东利用渠道优势打开农产品销路，通过信贷、众筹等多种方式周转资金，帮助农民和企业发展。图 3-8 是京东金融农业生产融资流程图。

2. 农户经营环节融资业务流程

这部分业务设立的初衷是推动京东商城电商服务下乡，但在过程中离不开为农户等提供金融服务，基于销售链条，也可以发挥其对农户等进行风险控制的作用。京东金融农户经营融资流程如图 3-9所示。

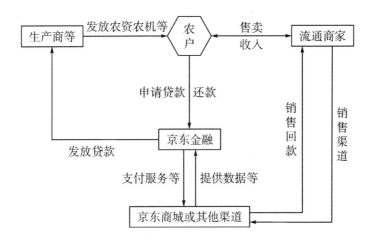

图 3-8 京东金融农业生产融资流程图

资料来源：京东金融官网。

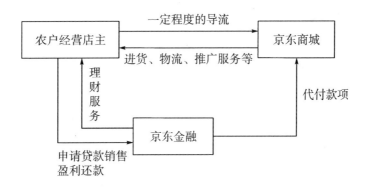

图 3-9 京东金融农户经营融资流程示意图

资料来源：京东金融官网。

主要产品：一是"京农贷"。2015 年 9 月，京东金融发布农村信贷品牌"京农贷"，并先后推出"先锋京农贷""仁寿京农贷"和"养殖贷"三款产品，分别针对农资和农产品信贷。这三款产品周期长，可购买额度高，并且无抵押，利息较低，以快速成单为主旨，且拥有世界银行、杜邦先锋、永辉超市、金正大、买卖宝等合作方。"先锋京农贷"为种植环节的生产资料需求提供融资贷款，京东的流动性贷款解决了种植户在生产环节的资金问题，解决了收购企业的农产品供应问题，销路问题也通过京东的电商渠道解决了；"仁寿京农贷"依托农产品收购订单，为订单农户提供生产所需的流动资金贷款，大量农户在农资购买环节的贷款难问题，京东可以通过数据、渠道等多项合作，在农户在购买种子的时候向其提供融资，创造性地解决农户生产性难题；"养殖贷"探索"互联网信贷+保险+担保"的模式，为新希望六和产业链上、下游的用户提供贷款支持。

二是乡村白条。乡村白条是京东金融集团面向所有符合条件的乡村推广员提供的一种短期赊销服务，目的是缓解推广员在网购过程中所遇到的资金紧缺问题，更好地提升推广员的网购体验。乡村推广员是指与京东商城签约，为京东商城在本村本镇做推广的人员，由京东商城在乡村进行招聘。推广员的任务主要是在乡镇偏远地区推销京东商品，替代购人在京东商城购物，可能会先垫付资金，待收到商品后交予代购人，再收货款。乡村白条额度最高为 3 万元，最长免息期为 30 天。京东乡村白条业务情况如表 3-11 所示。

表 3-11　京东乡村白条业务情况表

分期数/期	服务费率/%	总服务费率/%
3	0.50	1.20
6	0.50	3.00
12	0.50	6.00

资料来源：京东金融官网。

三是京东众筹。京东金融在京东众筹板块上线了农产品众筹服务，即农户、合作社、农业小微企业可以在线上进行农产品预售等。京东众筹一方面通过发挥其在运营、渠道、物流等方面的资源，帮助农户打通市场销路，实现农产品的品牌溢价；另一方面，京东众筹发挥互联网的连接优势，把社会资源的供给和需求衔接起来，为社会各界参与扶贫事业提供有效通道。

综上，京东金融开展农村金融业务的优势主要表现在：一是下乡过程中铺设的物流仓配体系。物流仓配体系为农村零售业与农民消费提供保障。二是乡村推广员体系。乡村推广员一方面为农户提供工业品下乡和农产品进城服务，另一方面扮演着京东金融信贷员、理财师和还款催收员的多重角色，成为京东金融下乡的重要抓手。

3.5.2 基于农业产业链的链式金融模式：以大北农为例

基于农业产业链优势开展农村数字金融业务的主要是一些传统"三农"服务商，以"三农"服务商大北农为代表，这些企业在农业产业领域深耕多年，依靠线下资源和客户信用数据累积优势，与互联网技术相结合，并打通自有供应链关系，建立起特有的农村数字金融生态圈。以"三农"服务商为核心的农业互联网金融平台，为全产业链上、下游提供投融资、支付等综合服务，并贯穿农业产业化的全过程。

3.5.2.1 平台概述

大北农集团是青年学农知识分子于 1994 年创办的农业高科技企业。十余年来，大北农始终秉承"报国兴农、争创第一、共同发展"

的企业理念，致力于以高科技发展中国的现代农业事业。大北农的主营业务是饲料产品生产、销售和农作物种子培育、推广。由于大北农自身发展模式受限，收入、净利润增长放缓，以及饲料行业供需进入平衡阶段，总量增长空间收窄等因素，2015 年，大北农顺应同行转型大潮，宣布转战互联网。经过多次升级后，大北农推出猪联网、农信商城、农信金融及智农通"三网一通"产品体系，简称"猪联网+"，为养猪户、经销商等合作伙伴提供集猪场管理、养猪资讯、网上订购产品、小额贷款、网络结算等农村互联网金融服务。

3.5.2.2　闭环式金融业务模式

2015 年，大北农将上述互联网业务剥离出来，重新组建北京农信互联科技有限公司（以下简称"农信互联"）。农信互联建成一个"数据+电商+金融"的业务平台，产品链包括"农信云""农信商城""农信金融""智农通"和"农信网"。

如图 3-10 所示，数据服务"农信云"主要为农信金融提供大数据服务。"农信商城"为种养殖户、农村涉农个体工商户、小微企业提供电子商务交易服务，服务平台包括原料商城、生猪交易所和大北农直营店。"农信金融"优先为"农信云"和"农信商城"的用户提供农村数字金融服务，包括征信、借贷及理财，具体产品则包括"农信度""农信贷"和"农富宝"等。农信金融的主要模式是通过建立互联网金融平台获得资金，基于客户交易数据，积累建立有针对性的风险管理体系，并设计贴近农户需求的金融产品，为涉农个人和企业提供不同类型的贷款。表 3-12 描述了农信金融各类产品的情况。

图 3-10 农信互联金融业务示意图

资料来源：大北农集团官网。

表 3-12 农信金融各类金融产品情况

类型	产品	简介	额度	期限	费率
信用产品	"农信度"	用户专属资信指标			
贷款产品	"农银贷"	为银行放贷提供信用数据	最高 100 万元	不超过 12 个月	年化最低 6%
	"农富贷"	直接为生产者与经销商提供小额贷款	最高 100 万元	不超过 12 个月	年化最低 8%
	"扶持金"	为合作供应商客户提供赊销服务	最高 100 万元	不超过 12 个月	年化最低 10%
	"农农贷"	为种养殖户及产业链上、下游相关提供 P2P 贷款	最高 100 万元	不超过 12 个月	年化最低 12%
投资产品	"农富宝"	理财服务	—	—	年化 3.36%

资料来源：大北农集团官网。

"猪联网+产业链"模式：针对我国养猪业存在的问题和弊端，农信互联创造性地将移动互联网、物联网、云计算、大数据等技术手段与传统养猪业进行深度融合，创建了生猪产业链大数据服务平台——猪联网，为猪场提供猪管理、猪交易、猪金融等一系列服务，形成"管理数字化、业务电商化、发展金融化、产业生态化"的商业模式，为养猪户打造了一个全方位的智能化服务体系。猪联网为生态圈内的用户提供猪管理、猪交易、猪金融三大基础性服务。猪管理是入口级产品；猪交易是把产业链链接起来，形成内部生态链；猪金融是为用户提供金融增值服务。图 3-11 是"猪联网+"的示意图。

如图 3-11 所示，猪联网主要包括猪管理、猪交易、猪金融三大基础性服务，猪管理平台具体包括三个内容：一是通过集成无线传感器技术、个体射频识别技术、智能装备制造及云计算技术，开发规模化猪场精细饲喂设备与控制系统，实现养殖过程数据的在线化采集与精细化饲喂管控；二是利用环境监测与控制的物联网技术，包括基于 ZigBee 的无线组网技术，嵌入式系统开发技术及智能环境感知技术等，开发监控猪舍环境温度、湿度、光照及空气质量的电脑端及移动端的软件及硬件远程控制系统，实现对养殖环境数据的自动采集与智能控制；三是利用大数据挖掘技术，基于生猪生产过程盈亏动态模型及各种影响参数，开发跨平台的可视化实时监控猪生产盈亏曲线并能进行走势形态分析的专用软件或平台。通过移动互联网、物联网、云计算、大数据等技术，为养殖户量身打造的集采购、饲喂、生产、疫病防控、销售、财务与日常管理为一体的猪管理平台，将包括猪场管理系统、行情宝、猪病通、养猪课堂等专业化产品。猪交易平台主要根据养殖过程中的生产资料采购和生猪销售需求提供电子商务服务，主要包括农牧商城和国家生猪市场两个部分。养猪离不开资金的支持，为打通猪金融各环节，农信互联布局了从征信、借贷、理财到支付的完整金融生态圈，推出了"农信度""农信贷""农富宝""农付通"四大产品体系，提供全方位的金融服务。

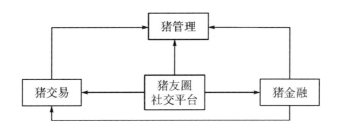

图 3-11 "猪联网+"示意图

资料来源：大北农集团官网。

综上，大北农集团通过"大数据+"建立自身的农户信用风险管理体系，通过"互联网+"实现平台化，并通过"金融+"实现金融化，最终实现从产业到金融的延伸。其优势是具有养殖户和经销商数据，依托平台交易数据及积累的经验，进行大数据分析，并建立以信用为核心的农村数字金融服务体系。但由于覆盖度不足，大北农集团只能依托自身供应链开展体量相对较小的供应链融资业务，无法满足涉农农户的固定资产类融资需求，也无法像电商平台那样强力约束用户。

3.5.3 涉农数字金融平台模式

涉农数字金融平台主要有 P2P 网贷平台和众筹平台。早期，涉农数字金融平台重视互联网理财建设以获取资金，之后转变为注重资产开发，而逐渐放弃理财端，转而寻求资金来源的机构化和多元化。对此，涉农数字金融平台一般的运营方式是依靠线下获取客户，并以熟人借贷的方式开展业务，其在网络借贷撮合业务链条中的角色是前端获客、审批授信及贷后资产管理，放款及资金来源主体则是银行、消费金融公司、小贷公司等诸多机构，这种运营模式成为缺乏资金、场景、闭环产业链的新兴涉农服务商的标配。由于适合众筹的农产品不多，众筹平台在农村金融领域的发展一直不温不火，基于现状，本书选取两家新兴网络借贷涉农服务商进行案例解读。

3.5.3.1　沐金农

平台概况：沐金农成立于2014年，是一批进入"三农"金融领域的数字金融科技平台中的一家专注"三农"领域的垂直互联网金融平台。沐金农专注于打造"三农"动态信用评分系统，获得包含产业生产周期、资金周转周期、需求周期、技术更迭周期、行业发展周期等一系列行业标准数据，结合特定借款人自身特征以及社群资本特征，与第三方征信公司、评级公司合作，参考国际国内信用评级方式，形成符合"三农"特征的动态信用评分系统，实现沐金农生态系统信贷技术的智能化、标准化。沐金农已在全国18个省份开展了农业生产型金融、农业消费型金融、县域消费金融等业务。目前，沐金农在80余座城市实行直接运营管理模式，规模达到3 000余人。

业务模式：

1. 渠道：加盟+直营+场景

从沐金农资产开发的渠道上看，早期，沐金农采用的是加盟模式，加盟商模式的优势是可以快速铺开业务，缺点是风险控制难以统一标准化管理。沐金农正在将此前的加盟商模式转变为多元化模式。一是直营方式，依托线下团队在农村一线与农民建立关系；二是场景方式,通过合作经销商、商户获取用户;三是供应链方式,结合农贸、粮贸产业链核心企业、上下游企业作为合作渠道。截至2017年5月,沐金农各地运营中心网点数量为105家,其中直营模式85家,占整体的80.9%;另有20个运营中心为加盟运营模式,占比19.1%。

2. 运营:以产业链方式为主

如图3-12所示,沐金农的运营模式以产业链的方式为主,沐金农与线下农资经销商合作,为农户提供代付类生产经营及消费类贷款,满足农户生产经营性需求;或以农业产业化生产链条中的核心企业为中心,通过链式金融的方式为其上下游企业用户提供贷款等服务。表3-13是沐金农各类金融产品的情况。

表3-13 沐金农各类金融产品情况

类型	产品	额度	期限	还款方式	适用主体	贷款方式
生产经营性产品	沐借贷	3万~10万元	6~12个月	每月还息 到期还本	种养殖大户、涉农企业、个体工商户等	信用担保
	沐农工	3万~30万元	3~18个月	每月还息 到期还本	垦区农工	联合体联带担保
	沐高贷	1万~20万元	12个月	等额本息	餐饮、超市等	信用担保
	沐养贷	1万~15万元	3个月	等额本息 先息后本等	规模养殖用户、养殖能手	信用担保
	沐种贷	1万~5万元	3~12个月	先息后本	种植能手等	信用担保
	公益借款	0.3万~1万元	12~48个月	等额本息	长期居住、生活、工作在农村地区22~55岁的妇女	信用担保
消费性产品	分期	0.1万~3万元	6~24个月	等额本息	三四线城市、县域及县域以下"三农"领域家庭	信用担保

资料来源:沐金农官网。

图 3-12　沐金农业务模式示意图

资料来源：沐金农官网。

3. 风险管控：全流程控制

贷前风控：沐金农采用线下的方式进行贷前风控。沐金农的初级风控人员全部由当地人担任，他们都非常了解当地的情况，这样可以很大程度地缓解信息不对称的问题。同时，沐金农也通过这些初级风控人员来获客和收集资料，由初级风控员进行初步的打分，总部再利用大数据风控系统对借款人的资料进行进一步的审核。另外，沐金农还会和当地一些大型的农资销售商合作，通过他们的推广来辅助获客。

贷中风控：贷中风控主要利用互联网技术手段进行，沐金农对农民的画像包括五个维度，即农户家庭结构和资产等身份特质；农户家庭代际、社交网络等社群关系；农户过往经营状况、生产周期等生产能力；农户种养殖产业的产业链位置、价格周期等行业定位；农户所在区域风险和属性等地理位置。沐金农在进行多个维度的交叉评估后确定申请农户的授信额度等。

贷后风控：贷后风控中，沐金农注重系统性地跟踪农户借款情况，同时，利用多种方式对逾期不良贷款进行代偿。图 3-13 是沐金农风险模型示意图。

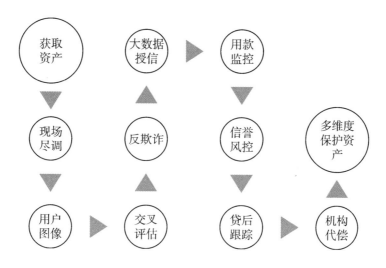

图 3-13　沐金农风险模型示意图

资料来源：沐金农官网。

技术特色：

一是光学字符识别（optical character recognition，简称 OCR）技术。光学字符识别是指电子设备（例如扫描仪或数码相机）检查纸上打印的字符，然后用字符识别方法将形状翻译成计算机文字的过程；即对文本资料进行扫描，然后对图像文件进行分析处理，获取文字及版面信息的过程。沐金农在线下收集农户信息的过程中，已经在使用这项技术，这在数据收集及比对等方面可以极大地提升效率。

二是人工智能技术。人工智能（artificial intelligence，AI）是研究、开发用于模拟、延伸和扩展人的智能的理论、方法、技术及应用系统的一门新的技术科学。人工智能是计算机科学的一个分支，它企图了解智能的实质，并生产出一种新的能以与人类智能相似的方式做出反应的智能机器，该领域的研究包括机器人、语言识别、图像识别、自然语言处理和专家系统等。目前，我国金融科技公司兴起，人工智能则在金融行业，包括银行、保险、投资理财等领域广泛利用，如智能投资顾问、股票交易预测、金融支付验证、投资理财推荐、信贷审批等。

沐金农目前在信贷审批风控方面正利用人工智能技术实现智能化决策，一方面通过人工智能模式识别技术，包括人脸识别与指纹识别等技术进行活体测验，目的是确保申请主体的真实性；另一方面，对已经获取的各类弱相关数据进行多次清洗，并结合已经提交的强相关数据，综合确立有效的、具备高成长和高学习性的风控模型等，目的是在用户画像、信用评分等方面更具效率及更加精准。

综上，沐金农的农村金融业务全面而广泛，并且利用大量新兴技术，具有一定优势；但也面临不少挑战，农村地区基础设施落后，需求分散，还需要投入大量的人力、物力进行业务开展的标准化、流程化探索，关键因素是行业数据的积累。因此，沐金农在发展初期需付出较大的成本。当数据和农村关系积累到一定程度，沐金农在风控和获客方面的优势则将开始显现。

3.5.3.2　农分期

平台概况：农分期创立于2013年，是国内较早聚焦农业的创新型企业，也是国内目前覆盖规模比较广、产品体系比较全的综合服务平台。农分期的服务对象主要是参与规模化种植的农业大户、农机合作社和家庭农场等新型农业经营群体，主要为其提供农机、农资购买和土地流转分期贷款等金融服务。农分期搭建了信息综合服务平台"村花帮"，为农户提供农业生产技术学习培训、农业政策及产业信息资讯，以及二手农机买卖、土地流转信息、粮食收购销售等信息服务。农分期还推出了"村聊"，让农户进行线上生活交流和业务合作。目前，农分期的线下网点覆盖江苏、安徽、江西、河南、山东、湖北、河北七大粮食种植省份，设立超过 150 个县级分支机构，业务辐射周边村、镇一万个以上，服务全国农户 3.5 万户以上，累积授信规模约 10 亿元。表 3-14 展示了 2015—2018 年农分期的融资规模情况。

表 3-14　2015—2018 年农分期融资情况表

时间	轮次	金额	投资方
2018 年	C 轮	亿元级	执一资本领投，BAI（贝塔斯曼亚洲投资基金）、涌铧投资、顺为资本、源码资本、真格基金、InnoVen Capital 等跟投
2017 年	B 轮	亿元级	BAI（贝塔斯曼亚洲投资基金）领投，真格基金、顺为资本、源码资本、明势资本、涌铧投资、国金证券等跟投
2016 年	A 轮	千万元级	顺为资本领投，源码资本、涌铧投资和明势资本跟投
2015 年	天使轮	千万元级	梅花天使创投、明势资本联合投资

资料来源：农分期官网。

业务模式：农分期的主要业务范围包括：在承包土地时，扩大土地规模，解决农户规模种植的投入成本问题；在农户购买生产资料时，有新型农资电商，打造农资销售新模式，由厂家直供送货到家；田间管理时，有飞防联盟，提供现代化的植保无人机飞防服务。收割时，有"村花帮"，将农机交易、农活外包联网化；农闲时，有"村聊"，搭建生产、生活交流和业务合作的线上平台。粮食销售时，有"快卖粮",解决粮食烘干、流通问题,直接对接粮食加工厂。图3-14是农分期的主要业务和服务内容。

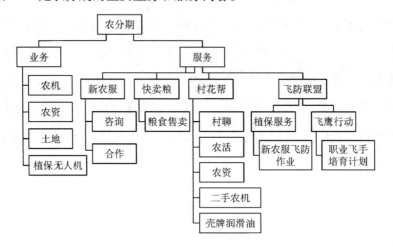

图 3-14　农分期的主要业务和服务内容

资料来源:农分期官网。

农分期金融信息业务主要是为规模化种植的农业大户、农机手等新型农业经营主体提供农机、农资购买和土地流转分期贷款等金融服务。表3-15是农分期金融产品的相关情况。

由表3-15可知,目前农分期提供的贷款服务目标对象主要是规模化种植的农业大户、农机手等新型农业经营主体,贷款额度户均7万~8万元,年化费率最高不超过15%,贷款期限为3~24个月,农户可根据生产经营情况合理制定还款计划,自由分期,灵活还款。

表 3-15　农分期金融产品情况

业务类型	贷款额度	贷款期限	贷款费率	还款方式	目标对象
农机分期	平均 8 万元	3~24 个月	根据客户资质、分期产品确定，年化利率最高不超过 15%	农户根据收入情况，自由分期，灵活还款	规模化种植的农业大户、农机手等新型农业经营主体
农资分期					
土地租金分期					

资料来源：农分期官网。

1. 获客渠道

农分期的获客渠道主要有四个：一是自有客户经理推广，这是最主要的获客途径，农分期目前有 600 多人的线下团队，其深入农村一线，了解农户需求。二是经销商推荐，与农分期合作的经销商超过 2 000 家。农分期通过提供金融服务帮助经销商解决垫资、催收等问题，并促进其销量增加。三是政府推荐，政府等有关部门通过会议、培训、宣传刊物等形式，向种植大户等新型农业经营主体推荐农分期服务。四是老用户推荐，农分期服务会由老用户通过口口相传等方式推荐给新用户。

2. 运营流程

农分期的服务运营流程包括四个部分，如图 3-15 所示。

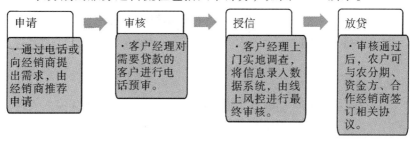

图 3-15　农分期的服务运营流程

资料来源：农分期官网。

农分期贷款业务的资金来源主要是金融机构，包括银行、信托、保险等机构。农分期负责资产开发、风险控制，农户贷款申请通过后，农分期将农户基本身份信息、银行账户通过后台系统发送给机构，由机构直接放款至借款农户的账户。通常情况下，机构会给予农分期一定的授信额度，并放在专门账户，对于部分机构，农分期需以收取一定比例保证金的形式为资金提供方提供保障。图3-16展示了农分期的业务流程。

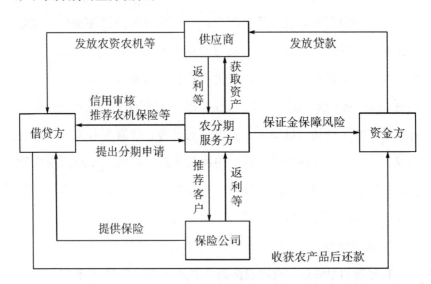

图 3-16　农分期业务流程

资料来源：农分期官网。

3. 风控模式

贷前风控：农分期建立了庞大的一线团队。一线团队深入农村，负责获客和了解客户情况。农分期目前共有780名客户经理，一名客户经理约覆盖两个乡镇。非标准化的信息收集模式给客户经理带来巨大的挑战。农村拥有自身的话语体系和交流逻辑，一线客户经理只有掌握其中的规律才能获得有效信息，因此，农分期形成了一套人才招聘和培训的体系。申请农户具体提供的材料如表 3-16 所示。

表 3-16　农分期申请农户资料提交情况

项目	维度	递交材料
还款意愿	个人属性	个人经历、居住信息、经营年限、种植经验等
	家庭属性	家庭婚姻情况
	社会属性	村内社交关系等
还款能力	农机、地租、农资、粮食等家庭资产和权益	存款证明、银行流水、央行征信、固定资产证明、收入证明、过去几年收入与大额支出情况等
还款保障	—	未来种植收益等

资料来源：农分期官网。

贷中风控：贷前农分期自营团队在当地收集信息，然后手动录入，再通过后台的征信体系对这些信息进行标准化评估，数据库后台会对用户进行自动评判生成画像，决定是否通过用户的分期申请。目前农分期的审批通过率为 60%，用户平均年龄为 41 岁，且重复借贷率高。

贷后风控：由于是与经销商或厂家合作开展业务，农分期的贷款流向明确，贷后农分期还将跟踪农户种植情况，获取其生产经营信息，以确保其可以按时还款，如果进入逾期阶段，农分期则会派出催收团队进行催收。

综上，农分期于 2013 年正式涉足农业领域，服务农业规模化生产群体，向农业生产经营者提供以金融、生产、粮食贸易、农业技术支持为主的一站式服务。运作了 6 年的农分期，已经形成自身的方法论和操作方式，其最大的特色是自营。但此种业务模式也存在问题，其中，最大的问题是农分期属于人力密集型业务开展模式，单位业务成本较高。目前农分期正通过从单纯的金融服务商向农业综合服务商转化的方式来提高人力资源利用效率，利用综合效益优势应对巨大的成本开支压力。

3.5.4　农村数字金融服务模式比较及经验借鉴

基于以上对农村数字金融服务模式的介绍，笔者对每个平台的优势和劣势进行一个总结，如表 3-17 所示。

表 3-17　农村金融服务模式比较

服务模式	平台	优势	劣势
基于电商平台的链式金融模式	蚂蚁金服	大量的客户交易数据；成熟的平台；风险管控智能化；征信体系完善	农村小贷业务进展困难
	京东金融	完善的乡村推广员体系；完善的物流仓配体系	没有足够的数据积累；利润单薄
农业产业链的链式金融模式	大北农	大数据风险管理体系；累积大量养殖户和经销商的数据	覆盖度不足；无法强力约束用户
涉农互联网金融平台模式	沐金农	业务全面广泛；大量新兴技术	行业数据少；需求分散
	农分期	一站式服务；网点覆盖广；产品体系全面	人力密集型，成本较高

资料来源：农分期官网。

1. 农村电商业务在农村数字金融中的重要性将日益凸显

农村电子商务蓬勃发展，已经成为新一轮电子商务发展的重要地区。在实践过程中，电子商务业务的拓展离不开互联网金融的支持，同时，电子商务平台也逐渐开始依托自身的物流、渠道、数据等平台和资源参与到农村金融市场中，并以相对成熟的体系提供综合性农村金融服务，包括支付、信贷、保险与理财等，成为重要的市场参与者。因此，电商平台及其体系将有助于解决数据获取、渠道下沉和综合金融服务问题，未来将得到进一步发展。

2. "网络运营+渠道下沉"成为农村数字金融服务的必由之路

农村金融的发展由于基础设施不完善等因素的制约，当前实操过程中需要采用O2O的模式解决信任、征信和贷后管理等多方面的问题。而目前大部分农村金融平台的业务模式都很雷同，需要采取线下铺设人员的方式进行获客、风控、贷后管理等各个环节的工作。农分期、京东金融都是如此。此外，由于各类因素的制约，目前的农村数字金融平台仍然需要大量依靠人力、以线上线下相结合的方式开展业务，这在相当长的时间内将是常态。

3. 涉农互联网金融平台更加注重资产开发、资金来源寻求协同合作化

一方面，随着网贷监管意见的下发及针对互联网金融风险专项整治行动的开展，网贷平台等面临较大的整改合规压力和成本。在农村金融业务开展过程中，服务涉农企业、规模化种植农场的平台较为主流，其提供的借款额度也较大。在这过程当中，涉农网贷平台的定位开始发生变化，即专注线下资产的开发，并与金融机构等合作获得资金。

另一方面，金融机构本身提供农村金融服务缺乏动力，与其他机构合作，共同开展业务，分工协作成为必然选择。这种背景与市场变化使得新兴金融服务平台与金融机构之间的合作更加紧密和必要，未来这也将成为主流模式。

3.6 市场主导型农村数字金融服务模式存在的问题分析

3.6.1 隐私侵犯与数据归属权问题凸显

数字经济时代，数据是第四大要素。于数字金融平台而言，用户数据信息使用的机会成本为零。这些客户数据信息可以被反复利用，为平台创造巨大的使用价值。目前，针对数据信息使用与交易的相关法律尚未设立，这致使许多互联网金融平台对客户进行全方位记录的数据信息被过度挖掘和使用。客户的个人隐私信息安全受到一定程度的威胁。相关统计显示，2018 年上半年我国遭遇虚拟中奖信息诈骗的用户占遭遇网络诈骗总人数的 58.6%；遭遇个人信息泄露的用户占比最高，达到 28.5%，相比 2017 年年末增长 1.4 个百分点。个人信息的泄露侵害了个人隐私权，并对公民的财产安全造成威胁[1]。

3.6.2 农村信用体系不健全

截至 2018 年 8 月末，央行征信系统数据库累计收录了 9.7 亿自然人的信息，其中只有 4.4 亿人有信贷记录，征信的真实覆盖率只有 35%[2]。一方面，由于我国的农村数字金融基础设施发展不完善，尚未建立系统的信用体系，个体信用数据信息分散在各个部门与机构，尚未实现有效整合。相关失信惩戒机制尚未形成体系，农村居

---

① 数据来源于第 41 次《中国互联网络发展状况统计报告》。
② 数据来源于 https://www.secrss.com/articles/6067。

民信用意识仍较淡薄，"逃债""躲债"现象较为普遍，造成农村地区信用环境较差，无形中增加了农村数字金融的信用风险。另一方面，针对无信用记录个体建立信用信息数据库的成本较高，费用为每人1 000~5 000元。而农村地区绝大多数居民无相关的信用信息记录，处于信息真空地带。这就为农村数字金融发展带来了风险和交易成本。要完成农村居民信用数据信息的收集并建库需要投入大量的人力和财力。这种大投入，是任何一家市场主导型互联网金融服务平台都无法单独承担的。因此，不同的平台通过建立自己的销售网络或服务供给网络来收集客户信息。这种形式也进一步加剧了平台之间的信息割据，导致各平台不能实现信息的有效整合和发挥规模效应以降低交易成本。

3.6.3 数字金融专业技术人才不足

随着农村数字金融平台线下实体网点增多，其对专业服务人员的需求也在增加。例如，沐金农涉农数字金融平台模式中，企业前期风险防控主要通过线下的贷前审查来实现。这个贷前审查需要大量的专业人才对农村居民进行现场尽职调查和借款人准入条件审核。此外，目前我国尚未建立针对农村数字金融从业人员的基本要求规范体系，难以保证农村数字金融从业人员的专业水平。对全部需要使用互联网技术进行金融业务操作的农村数字金融业务而言，从业人员素质参差不齐，很容易出现操作错误，从而引发操作风险。

3.6.4 风险管理体系建设不足

尽管不同类型的农村数字金融服务模式建立了各自的风险防控

体系以预防风险，但不同服务模式的风险管理体系只能暂时预防微观层面的风险，无法应对外部冲击带来的风险和宏观层面的系统风险，以及互联网技术应用的风险。例如，数字金融服务对网络依赖性强。这就容易给网络黑客、病毒提供攻击的可能性。据统计，2018年上半年，我国遭遇设备中病毒或木马的网民比例为18.8%，有54%的网民表示在过去曾遭遇过网络安全问题，有28.5%的网民曾遭遇个人信息泄漏问题，有58.6%的网民曾遭遇诈骗，有31%的网民曾遭遇虚假招工信息诈骗①。此外，我国境内感染网络病毒终端累计483万个，被篡改网站数量累计15 672个，被植入后门网站数量累计16 210个，网站仿冒页面数量累计19 060个，网络安全存在较大风险。而类似于蚂蚁金服、京东金融这样依托电商平台的链式金融模式在网络平台进行数据分析处理时对大数据风险的管控并没有达到最优化，若是系统性风险长期累积，将会出现连锁反应导致数字金融危机。

3.6.5 市场制度不健全，法律监管缺位

对于整个行业来说，数字金融本身就具有行业交叉的属性，这使得其立法过程更加复杂。《关于促进互联网金融健康发展的指导意见》《网络借贷信息中介机构业务活动管理暂行办法》出台后，关于互联网金融领域的制度文件又沉寂了数年。后来出台的也多是办法、条例、指导意见等，缺乏约束力与影响力。近年来，数字金融平台综合混业经营的趋势也愈发明显，难以清晰界定其监管归属，

---

① 数据来源于 https://www.askci.com/news/chanye/20180822/1137481129629.shtml。

农村数字金融进一步模糊了分业的边界。对于各个互联网金融平台来说，平台选择用户时对于市场准入、交易主体身份认证不够严格，交易平台游离于监管之外，同时尚未实现高度的行业自律，不利于电商大数据金融的进一步发展。

3.6.6　数字金融行业集中度过高，平台对接与数据共享不足

已有数字金融行业集中度较高，数据信息尚无法完成共享，更难以跨越平台实现数据协同管理。与此同时，数字金融虽激活了个人无形资产，但渗透农村地区的数字金融发展不能忽视农村居民市场交易和信用信息缺乏及土地是农民重要资产的事实。现有的市场主导型数字金融服务无法将农民个体的土地资产交易、农业生产投融资、农业保险、财政惠农政策等服务进行整合。在农村土地"三权分置"改革的大背景下，农地产权交易成为顺应农业适度规模经营，发展新型农业经营主体，提升用地效率的必然趋势，"人动—地动—钱动"农村三大要素市场关联互动带来巨大的经济驱动效应。

3.7　政府主导型农村数字金融服务模式的提出

3.7.1　政府主导型模式提出的逻辑起点

基于前述分析可知，市场主导型数字金融服务模式发展迅速，但在数据信息应用与管理、农村信用信息体系建设、数字金融专业人才队伍建设、风险管理体系、市场监管、平台信息共享等方面仍

存在诸多问题。

相较于既有的市场主导型数字金融服务平台，政府主导的综合性数字金融服务平台不仅能够实现市场主导型数字金融服务平台的功能，亦能够建设通过三级服务站，建立完整的农村征信体系机制，整合农村产权交易，引入财政金融资源分担风险，从根源上解决农村金融市场供需信息不对称、交易成本居高不下、金融资源和信息分散、资源匹配效率低、风险管控能力弱以及对线下金融服务过度依赖等问题，通过打造超级互联网金融平台，实现多元化金融产品、多类型金融机构和多样化需求客户有效匹配对接，重塑新的竞争格局，初步实现"农业产业+互联网+金融"的跨界融合发展，形成空前的复杂而富有生命力的农村金融生态圈。

3.7.2 政府主导型模式提出的经济学分析

构建一个机构多元、竞争可持续的现代农村金融制度是我国农村金融发展的战略选择。而消除垄断则是实现该战略选择的必要环节。成都市"农贷通"平台的出现，在一定程度上消除了垄断，缓解了信贷市场分割，推动了农村金融市场内生机制的形成，让更多的金融机构服务实现下沉，参与到农村信贷市场，形成一个竞争更加充分的金融市场环境，较大程度上减弱了信贷配给，增加了金融资源的可获得性，让更多农村经营主体从中获益。

在无"农贷通"平台的状况下，信息不对称带来的高交易成本，导致农村信贷市场分割现象较为严重。鉴于较高的信息搜寻成本和履约监督成本，远离农村的金融机构针对农村经营主体往往采取谨慎性信贷供给，这大大降低了外部金融机构进驻农村信贷市场的积极性，进而影响到外部资金注入农村市场的力度。与此同时，长期服务于农村金融市场的农村金融机构如农村商业银行等掌握着农村经营主体的相关信息，与远离农村的金融机构相比，其具有天然的信息优势。凭借这一优势，农村商业银行已成为农村信贷服务的主要供给者，呈现出"一家独大"的垄断局面。随着农村商业银行合作性质向商业性质的转变，由垄断带来的农村信贷配给问题日益凸显。图 3-17 展示了无"农贷通"平台时，农村信贷市场的供需状况。在此环境中，农村信贷市场的供给者主要是农村商业银行，其凭借掌握的信息资源，已对农村信贷市场形成一种垄断。在这样的环境下，农村商业银行具有确定信贷供给数量的主动权，其面对的是整个农村信贷市场的需求（即 D_1 曲线）。农村商业银行出于利润最大化的考虑，根据边际成本（MC）与边际收益（MR）相等的均衡原则（即图 3-17 中的 A 点），确定向农村经营主体提供的贷款数量为 Q_1，并确定贷款利率为 R_1，而在此利率水平下，农村信贷市场需求方需要 Q_2 的资金数量，很显然，$Q_2>Q_1$，两者的差额即为当前状态下的信贷配给数量。

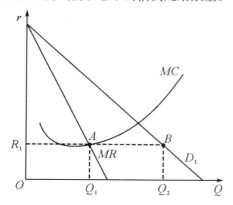

图 3-17　无"农贷通"平台时农村信贷市场的供需分析

图 3-18 展示了有"农贷通"平台时农村信贷市场的供需状况。"农贷通"平台借助互联网，运用大数据等信息处理技术，对农村资金供需信息、信用信息进行及时的公布，缓解了因农村信息闭塞导致的信息不对称问题。让外部金融机构能够及时掌握相应的资金需求信息，降低信息搜寻成本的同时，增加了其提供农村金融服务的积极性，降低了农村信贷市场的分割程度。当前参与"农贷通"的银行机构主要包括成都农商银行、成都银行、村镇银行、中国农业银行、中国邮政储蓄银行、中国银行、浙江民泰商业银行、中国工商银行等。由此，农村信贷市场由原先的垄断市场转变为垄断竞争市场。在此市场上，每一家金融机构将面对两种需求曲线，即图 3-18 所示的 d 曲线和 D 曲线。其中，d 曲线表示当某一金融机构调整贷款利率时，其他金融机构贷款利率不变情况下，该金融机构利率与贷款供给数量之间的关系；D 曲线表示同期其他金融机构贷款利率调整的情况下，该金融机构的贷款利率与贷款数量之间的关系。各金融机构以追求利润最大化为目的，在边际收益与边际成本相等时，决定信贷资金的供给量。以成都农商银行为例，假定其初始贷款利率为 rA，提供的贷款数量为 Q_A，即位于初始状态的 A 点。此时该银行边际收益 MR_1 大于边际成本 MC，表示 A 点并未实现均衡，欲通过降低利率的方式，吸引更多的资金需求者，在假定其他金融机构不会采取任何行动的情况下，市场需求会沿着 d_1 需求曲线从 A 点移动到 B 点。然而其他金融机构会对成都农商银行降低利率的行为采取应对措施，同样会降低利率吸引更多的资金需求者，导致市场需求沿着 D 曲线从 A 点移动到 C 点。而在该处依然未实现 $MR=MC$ 的均衡条件，为追求利润最大化，成都农商银行会做出进

一步调整，预期沿 d_2 需求曲线从 C 点移动到 F 点，但事与愿违，其他几家金融机构同样会采取积极应对措施，导致成都农商银行利率与贷款数量的组合，从 C 点沿着 D 需求曲线移动到 E 点，此时，成都农商银行的边际收益 MR_3 与边际成本 MC 相等，实现了利润最大化的目标，此时其贷款供给量为 Q_E。由此可见，通过各家金融机构之间的垄断竞争，成都农商银行的贷款提供数量由 Q_A 增加为 Q_E。同理，其他几家金融机构的贷款供给数量也会出现上升，从而实现整个农村信贷市场贷款供给量的增加，这有利于减少甚至消除原先垄断市场下出现的农村信贷配给份额，为农村金融更好地服务于农村经济增长奠定基础。

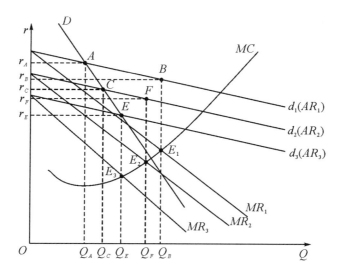

图 3-18 有"农贷通"平台时农村信贷市场的供需分析

3.8　本章小结

　　首先，本章在梳理我国农村金融制度发展历程与农村金融体系发展现状的基础上，阐述了农村数字金融发展的逻辑起点；其次，在介绍我国数字金融发展历程的基础上，进一步分析了我国农村地区数字金融发展现状、市场主导型农村数字金融服务模式的现状及问题；最后，阐述了政府主导型农村数字金融服务模式发展的逻辑起点与理论依据。

4 政府主导型农村数字金融
服务平台研究——以"农贷通"为例

4.1 "农贷通"的构建机理

自 2015 年 7 月以来，成都市探索构建了以政府为主导的，集"普惠金融、财金政策、信用体系、产权交易、资金汇聚、风险分担、信息共享、现代服务"为一体的"农贷通"金融服务综合性融资平台（李波，2018；刘伟兵，2018）。

4.1.1 平台构思

"农贷通"平台旨在解决农业农村面临的"融资难、融资贵"和金融机构"贷款难、贷款成本高"以及农村金融服务"最后一公里"的问题。风险补偿机制、信用信息数据库和产权交易系统是构成"农贷通"平台的三大核心要素。其总体框架如图 4-1 所示。

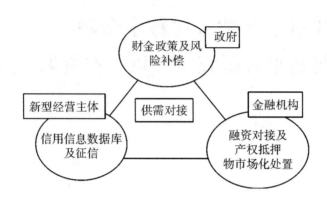

图 4-1 "农贷通"平台总体初始框架构思

要素一：财政金融支持政策及风险补偿机制——"农贷通"的核心

政府通过在产业引导、财政支持、金融支持方面制定相应的财政金融支持政策来实现风险分担，从而建立相应的风险补偿机制。产业政策发布和重点服务对象项目库建立是产业引导的关键；农村产权抵（质）押贷款风险补偿资金和农机具补贴是财政支持的重点方向。人民银行提供的支农再贷款和再贴现资金是金融支持的直接来源。通过支农再贷款和再贴现资金来支持村镇银行等中小法人银行机构增强放贷能力，引导降低融资利率，对参与涉农业务的非银行金融机构参照金融机构财政贴息政策，给予一定补偿，进而缓解资金供给方的后顾之忧，降低资金需求者的融资成本。"农贷通"平台的构建可实现产业政策精准推送、项目库精准推送、金融产品精准推送、信用担保风险补偿资金申请审核、信用保证保险风险补偿资金申请审核等功能。

要素二：信用信息数据库及征信服务——"农贷通"的基础

信用信息数据库中的信息由政府职能部门掌握的基础信息、农村电商的交易信息、村级金融服务站采集的信息构成（李宏伟，2018）。数据库的建设在"农贷通"平台主要由"市（区/县）、乡（镇/涉农街道）、村"三级服务体系来支撑。首先，以区（市）县为责任主体，运用互联网现代信息技术，搭建综合性融资服务平台；其次，依托乡镇基层农业综合服务站，建立农村金融综合服务中心、农业农村电商服务中心和农村产权交易服务中心，承担农村产权流转处置、农业农村电子商务、农村金融贷款和保险等供需信息汇集、融资审核相关职责（韩俊，2018）；最后，按照统一规范的建设标准，在所有行政村建立村级农村金融综合服务站、农业农村电商服务站和农村产权交易服务站，具体承担农村产权流转处置、信息采集、融资和支付服务、金融宣传、农业农村电商服务等职责。通过三级服务体系收集整合分散的农业经营主体信用管理信息，构建信用信息数据库，实现信息互通共享，形成统一的"农贷通"信用信息共享体系。

要素三：融资对接及产权抵（质）押物的市场化处置——"农贷通"的助推器

在信用信息数据库基础上实现融资对接，并同步实现与农村产权交易系统的互联互通，为风险抵贷资产提供市场化处置手段（李宏伟，2018）。在农村产权流转交易、农村产权（资产）收购处置支撑体系的基础上，由财政注资成立融资担保有限公司，建立政府担保收储平台，探索村级互助合作社、农业产业化企业担保收储，构建政府、合作社、企业"三位一体"的农村产权担保收储体系。

4.1.2 平台运行模式

"农贷通"是以盘活农村各类资源、推动农业产业化经营为核心，按照"一个平台、三级管理、县县互通、市县互通"思路建设运行的（韩俊，2018），集农业政策咨询、产权流转服务、融资供需对接、金融风险分担、信用信息共享等多功能于一体、线上线下结合的"政银企"综合性农村金融服务平台。其运行模式如图4-2所示。

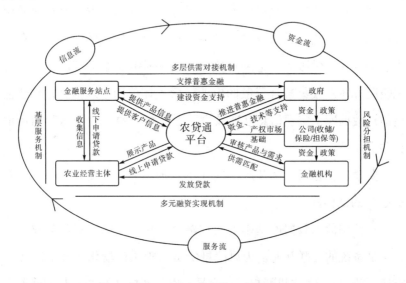

图4-2　"农贷通"运行模式

由图4-2可知，该模式中，一个平台是指"农贷通"综合服务融资互联网平台，三级管理包含"市（区/县）综合性融资平台、乡（镇/涉农街道）农业综合服务站、村级综合服务站"三级服务体系，"农贷通"平台以此为支撑，收集整合分散的农业经营主体信息，构建信用信息数据库，实现信息互通共享，形成统一的"农贷通"信息共享体系。该体系通过信息流、资金流、服务流使整个平台形成一个闭合的资源要素配置系统，实现供需准确有效对接。其运行的配套机制具体包括供需对接机制、多元融资实现机制、贷款损失风险分担机制、基层服务站综合服务机制。

4.1.3　平台配套机制

线上方面，信息是平台运行的关键，按照"可获得、可更新、可运用、真实准确"的原则，"农贷通"平台制定了符合现代农业经营主体发展实际的农村信用信息指标模板进行信息采集（村站收集→乡镇核实→区县汇集→市级汇聚），包括基础信息、辅助信息和交易类信息，采集对象为农业龙头企业、农民专业合作社、土地股份合作社、家庭农场等农村经济组织，建立农村信用信息数据库管理系统。平台系统采用多级用户体系，用户分为管理员和操作员两类。根据平台管理需要，分别设超级管理员、高级管理员和管理员三个管理级别，各级管理员负责下一级用户的管理，操作员为各金融机构内设的专门的平台业务操作人员，负责平台业务的办理、政策咨询和客户信息录入等工作。"农贷通"平台以"数据库+网络"为核心，实现农村经济主体信息的采集与共享；银行、保险类等金融机构通过审批后入驻平台，可通过平台实现产品介绍、发掘潜在用户、线上初审（银行获得授权后可查看部分基本资料以进行贷前判断）、通知放款等功能；农村经营主体通过平台可了解银行产品、贷前咨询、贷款申请（贷款流程：经营主体申请→提交到银行业务系统→银行内部审核→贷款发放）、资料提交等，统称为基层服务机制。

线下方面，在所有乡镇（涉农街道）建立农村金融综合服务中心、农业农村电商服务中心、农村产权交易服务中心。农村金融综合服务中心实行"三块牌子、一套人马"，承担农村产权流转处置、农业农村电子商务、农村金融贷款和保险等供需信息汇集、融资审核相关职责，开展一站式服务（孔祥智等，2018）。在所有行政村建立村级农村金融综合服务站、农业农村电商服务站和农村产权交易服务站，其主要职责是提供融资对接咨询、信用信息采集（站点的联络员区分公司和个人在线下收集用户相关资料，收集完成后登录管理员账号录入信息）、产权交易流转、农产品推介、金融知识宣传等服务，协助金融机构畅通"银、农"对接渠道。

（1）多层次信贷供需对接机制。由区（市）县建立相关部门、金融机构定期对接会商制度和重点扶持对象项目库，充分依托"农贷通"融资服务平台，构建农、林、牧、副、渔业经营主体与农村金融综合服务站、金融机构相衔接的多层次融资对接机制，推动"农贷通"融资服务平台线上申请的实时对接，实现融资进度的全流程跟踪。

（2）多元化融资实现机制。由金融机构依据信用信息提出受理意见，对经营主体的贷款申请，农业部门提出是否符合产业发展、扶贫开发、新农村建设等方面政策的审核意见，将符合要求的项目纳入"农贷通"服务平台。金融机构根据受理和政策审核意见提出综合融资方案，指导经营主体完成融资。支持金融机构开展各类农村动产和不动产融资，探索开展统一的涉农动产融资登记试点，逐步扩大涉农动产融资登记范围。支持各类金融机构积极对接成都农村产权交易所，充分利用交易所形成的市场公允价格开发各类金融创新产品，促进产权交易与金融服务的有效联动；促进银行与保险公司的联动合作，推广信用保证保险业务，培育农村票据市场。加强对农业产业化龙头企业的培育，鼓励和引导企业通过上市、发债等方式筹集资金。完善各类农村产权的颁证、抵押登记、信息共享以及入场流转等工作，逐步扩大可抵押的农村产权种类，建立农村产权价值评估体系，定期发布各类农村产权的指导价格，并与资产收购处置、信贷风险分担紧密结合。探索试行农业股权投资、农业众筹等新途径和办法，建立完善农业股权投资体系。

（3）贷款损失风险分担机制。由市级担保公司综合采取注资、联合担保、再担保等手段增强区（市）县担保公司的担保能力。通过整合各类担保基金，建立政策性农业担保公司的资本金补充机制，同时整合设立"农贷通"风险基金，合理确定银行、保险公司、担保公司、风险基金的风险分担比例，制定完善风险基金管理办法，明确风险责任分担机制，在确定的"农贷通"平台信贷损失分担比例基础上，简化操作手续，实行信贷风险的及时按约定分担。此外，委托农村产权收储有限公司管理"农贷通"风险基金，加强同各类资产管理公司的合作，开展农村产权和农村债权的收购处置工作。

（4）基层服务站综合服务机制。由各区（市）县政府负责农村乡镇（涉农街道）、村（涉农社区）金融综合服务、农业农村电商服务、农村产权交易服务等机构的场所、硬件和人员配备工作；成都农村产权交易所、成都金控征信有限公司负责软件系统配备工作；金融机构负责自助机具布放、支付环境和宣传资料准备以及必要的培训工作。通过落实基层服务机构工作任务和工作职责，健全服务机构综合服务机制，引导农村产权入场流转交易，协助开展农村产权处置，受理、推荐和跟踪信贷需求等融资服务，采集信用信息，布放银行自助机具并提供小额支付服务，开展金融知识和金融产品宣传工作，做好农业农村电商服务。

4.1.4　平台模块

（1）融资服务：融资供需精准对接、最高全额政策贴息、最高80%风险分担、利率上浮不超过贷款市场报价利率（LPR）的40%。平台最核心的功能为提供融资服务。当借款人或企业有需求时，可至最近的金融服务站点，由联络员帮助采集信息，填写贷款申请；也可自行在"农贷通"官网上进行注册并选择产品，线上填写贷款申请。平台接收申请后，会发挥"供需对接"的作用，将符合条件的借款人与银行进行快速匹配。匹配成功后，银行能查看到借款人的部分信息。若银行同意受理该笔贷款，能进一步查看更多信息，是一个层层递进的过程，并且会有相关工作人员前往借款人住址了解情况，或是对抵押物、质押物进行评估，确定可贷款金额。之后借贷双方将在平台上完成后续流程。

（2）电商。目前，该平台已与较成熟的第三方电商平台——天虎云商合作。天虎云商通过成千上万个线上线下合作网点互动产生的数据，依托中国电信先进的大数据、云计算技术，为合作客户提供从产品展示、营销、订购到支付、物流配送和售后服务的全程电商应用服务。天虎云商聚合了成都17个区（市）县的农业绿色基地，主营产地直销、天然绿色、便捷、实惠的产品，在平台的农村电商板块已上架170余种商品，如土猪肉、花香米、豆腐乳、香辣兔头等特色产品。收集相关数据后，天虎云商会考虑依托村站自建农产品电商，帮当地有意愿的农户开店，村站联络员负责店铺的运营，农户只负责发货（F2C 模式）。天虎云商平台采用前店后厂式的运作模式，减少了经销环节；集合政府专业认证资源，并具有丰富的运营经验和广泛的宣传渠道，再依托"农贷通"平台村级服务站的优势，充分挖掘当地特色农产品资源，延伸产业链和价值链，帮助下游企业建立更多的产品销售网络。

（3）产权交易：交易项目实时展示、办理方式精准引导、交易信息及时推送。目前，在该平台上，有针对农村土地经营权、林地使用权、林业产业化项目、林产品、林木所有权、林木采伐权、农村房屋所有权、集体经营性建设用地使用权、水面养殖权、农业生产设施所有权、农村集体资产股权、四荒使用权、小型水利设施使用权、农村房屋租赁权等产权信息的实时展示，农户可以在提交申请后直接开展产权交易活动。

（4）保险服务："扩面、增品、提标"，高质量发展，建设完善农业保险大数据，"最后一公里"专业服务。平台可提供个人贷款保证保险、企业贷款保证保险等服务。

（5）惠农政策咨询。平台上实时展示风险分担、贴息政策、奖补等相关的政策，有需求者可在线申办，高效便捷。例如，在资金、政策扶持上，市级整合设立不低于 6 000 万元、区（市）县设立不低于 500 万元的"农贷通"平台风险补偿基金；对农村产权交易机构在区（市）县设立分支机构的，由所在区（市）县落实不少于 20 万元的开办经费；对"农贷通"融资服务平台、农村信用信息共享体系和村级农村金融、农业农村电商、农产品产权交易综合服务站建设，市和区（市）县两级财政每年给予适当的资金补助。中国人民银行成都分行营管部提供不少于 8 亿元的支农再贷款和 8 亿元再贴现资金，支持村镇银行等中小法人银行机构增强放贷能力，引导降低融资利率，对参与涉农业务的非银行金融机构参照金融机构财政贴息政策，给予一定补偿。推行贷款对象财政贴息政策，在项目贷款期限内，按基准利率对从事大宗粮食种植生产的贷款项目给予贷款主体 80% 贴息；按基准利率对从事特色种养业生产的贷款项目给予贷款主体 50% 贴息；按基准利率对从事一、二、三产业融合发展的贷款项目给予贷款主体 30% 贴息。贴息资金由市和区（市）县财政按不同比例分担（成都天府新区为 2∶8；龙泉驿区、新都区、温江区、双流区、郫都区为 4∶6；青白江区、简阳市、都江堰市、彭州市、邛崃市、崇州市、金堂县、新津区、大邑县、蒲江县为 6∶4），每个项目贴息资金总额不超过 200 万元。

（6）信用服务：汇聚权威数据、建设地方信用体系、提供涉农信用专属查询工具、发布中国人民银行信用评定细则。

4.2 "农贷通"的要素构成

农贷通平台的构成要素有：政府机构、成都市金控征信公司、收储公司、保险公司、担保公司、银行机构等，具体如图 4-3 所示。

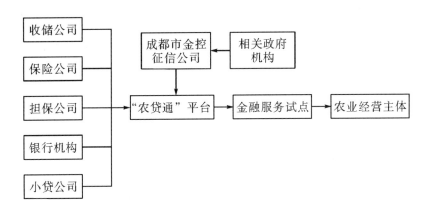

图 4-3 "农贷通"平台的构成要素

4.2.1 政府机构

作为牵头发起的主体，相关政府部门在技术、资金、政策多方面提供了全方位的支持。组织保障上，政府相关部门建立一套联席会议制度。该项制度的总召集人由市政府分管领导担任，参与人为各地方政府部门和金融机构。它主要用于加强对"农贷通"平台建设的组织领导和协调督促，及时跟踪掌握工作开展情况，协调解决工作推进中的问题，及时总结推广好经验、好做法。将农村产权交易体系、"农贷通"平台和农业农村电商服务体系建设纳入对市级相关部门和区（市）县"三农"工作的重要考核内容。建立健全信息上报机制，实行月报制度，区（市）县每月定期向市级"农贷通"平台、农村产权交易体系和农业农村电商服务体系建设工作联席会议牵头部门报送工作进度。由市级牵头部门负责定期组织抽查，对工作中存在的问题及时分析和督促整改，对不能按期完成工作任务的区（市）县给予通报批评。在完善信用信息数据库方面，在政策和法律法规许可的范围内，市和区（市）县有关部门积极支持征信服务机构开展农村信用信息管理数据的采集工作，做到管理数据的实时更新。

4.2.2 成都市金控征信公司

成都金控征信有限公司（以下简称"金控征信"）系成都金融控股集团有限公司旗下全资子公司，于 2016 年年初开始筹建，同年 8 月 5 日正式成立。它是一家拥有大数据先进技术、高度市场化运作的公司。金控征信基于业界最先进的大数据理念与技术，建设有征信大数据系统平台，并通过公安部信息系统安全等级保护"三级测评"，获得信息系统安全等级保护三级认证。金控征信被确定为市农委牵头的"农贷通"平台系统建设运营单位，负责平台的开发运营及维护，并提供征信产品、征信服务，致力于打造成都市农村金融综合服务改革的标杆和示范载体。

4.2.3 收储公司

为解决土地处置难问题，成都市政府相关部门成立了成都收储公司、通过收储公司和借款人对接，如出现违约风险，收储公司可以直接处置土地。这些土地收储后，可以进入市场进行交易，解决了金融机构方面对抵押物变现程度低的后顾之忧。

4.2.4 保险公司

目前，平台已入驻中华保险、锦泰保险、中国人民保险、中国

人寿等保险公司。保险公司的加入为更多社会资本进入农村创造了
更有利的条件。以锦泰保险为例，该公司为成都本地的保险公司，
其农业保险方面的创新产品，如生猪价格指数保险、蔬菜价格指数
保险在全国都处于领先地位；且该公司正在规划设计融合人工智能
产品技术主体、农资供应链、信贷主体以及保险产品为一体的线上
闭环交易服务平台。

4.2.5　担保公司

为深化农村金融改革，促进农村经济发展，彭州市创业融资担
保有限公司积极开展涉农担保业务，大力扶持涉农项目。2016 年，
彭州市创业融资担保有限公司涉农贷款在保余额达 17 266 万元，
2017 年，公司涉农贷款在保余额 12 049 万元。同时，彭州市创业融
资担保有限公司大力开展农村产权抵押融资工作，2016—2017 年共
开展农村产权抵押贷款业务 16 笔，担保金额共 2 853 万元，抵押物
范围覆盖农村房屋所有权、农村土地经营权、林权。其中，使用农
村房屋作为抵押贷款 410 万元，使用农村土地经营权作为抵押贷款
1 650万元，使用林权作为抵押物贷款 793 万元，对种植业（猕猴
桃、蔬菜等）、养殖业、农副产品收购、陶瓷生产、农家乐等多种产
业进行了担保贷款支持。其中，成都佳惟他农业有限公司将
1 183.83亩农村土地经营权作为抵押物贷款的 600 万元，是彭州市创
业融资担保有限公司与成都农担创造性地通过"联动担"的方式发
放的首笔贷款，为客户开辟了新的融资渠道，节省了融资费用，最
大程度盘活了农村资产，带动了彭州市当地产业的发展。目前，平
台已入驻成都天投融资担保有限公司、成都市现代农业融资担保有

限公司、成都市农村产权流转融资担保股份有限公司等多家担保机构。

4.2.6 银行机构

截至 2021 年 11 月底，平台已入驻成都农商银行等 73 家银行，发布了 748 款金融产品，已入库项目 2 511 个，已采集 416 039 户农业经营主体信息，累计受理 25 165 笔贷款，共计 404.52 亿元，实际放款 22 772 笔，共计发放 352.76 亿元，户均贷款金额为 154.91 万元[①]。其中，农村商业银行是贷款发放的主体之一。截至 2018 年 3 月末，全国共组建农村商业银行 1 274 家，机构数量占农信社系统的 57.8%。农村商业银行模式与我国其他商业银行相比，其经营理念、股权结构、经营模式、监管标准等都与其他商业银行相近，但特殊的是其"支农"的责任（罗韵轩，2008）。基于农村数字金融的背景，农商银行有如下优势：

（1）地理优势。农商银行主要设置在乡镇，更能接触到其他金融机构无法达到的"金融死角"，填补偏远地区的金融服务空白，且相较于其他机构更熟悉农村市场，更易获取信息，对企业客户的真实信用评价评估会更准确，从而降低风险，还可结合当地实际情况设计定制化的金融产品，针对农村地区提供更精准的金融服务。

（2）人缘优势。农商银行有不少从前农村信用社的员工以及本地居民员工，拥有更好的客户信任基础与客户黏性，因为农村居民对农村合作社、农村信用社的了解、信任程度比对其他金融机构都

---

① 数据来源：http://www.ndtcd.cn/#/nindex。

高。借助人缘优势，农商银行对客户的"软信息"能掌握得更为充分，在控制信用风险上能起到一定作用。

（3）政策优势。政府在不断加大对"三农"的扶持力度，出台许多惠民政策，给予农民补贴。

4.2.7　农业经营主体

农村经营主体包括专业大户、家庭农场、农民合作社、农业产业化龙头企业以及其他组织形式。农村经营主体作为"农贷通"平台的服务对象，可以享受平台提供的相关服务。各区县"农贷通"平台建设管理部门牵头组织对当地农业经营主体的培训工作；同时，农业经营主体还可以通过村级服务站点和乡镇服务中心了解和咨询相关政策、购买各类为农服务金融产品、提供自身涉农信息、代办相关业务。农业经营主体的情况也通过"农贷通"平台发布出去，所有信息透明、便捷、高效。

4.2.8　金融服务站点

成都市平台采取"三合一"的方式建设了"村级农村金融综合服务站、农村产权交易服务站、农业农村电商服务站"和"乡（镇）农村金融综合服务中心、农村产权交易服务中心、农业农村电商服务中心"。

目前，"农贷通"平台建设了村和乡镇两级的金融综合服务站（中心）、农村产权交易服务站（中心）、农业农村电商服务站（中心）。各区（市）县"农贷通"平台建设牵头部门负责辖区内"农贷通"平台村级金融服务站、农村产权交易服务站、农业农村电商服务站和乡（镇）金融服务中心、农村产权交易服务中心、农业农村电商服务中心按照站（中心）合一的建设要求，统一规范标志标识、配备硬件软件、落实农村金融综合服务员。其中，村站主要负责相关政策宣传咨询、农村金融业务咨询代理、农村产权流转交易业务咨询代理、农业农村电商业务咨询代理以及其他相关管理服务工作。村站的服务工作主要面向农业经营主体和广大农户，主要包括对相关政策进行宣传咨询、推介发布相关产品、收集上传相关信息、代办其他相关业务四个服务内容。服务站聘用1~2名工作人员，具体承担农村产权流转处置、信息采集、融资和支付服务、金融宣传、农业农村电商服务等职责。目前，各站点主要采取政府购买服务和金融机构支持的方式，落实服务站运行保障经费和配套设备设施。

4.2.9 小贷公司

目前，平台入驻了成都市大邑县富平小额贷款有限责任公司（以下简称"富平小贷"），提供农户小额信用贷款与小额信用贷款两款产品，富平小贷向面临"贷款难"问题的农村中低收入人群和微小企业提供信贷服务，以活跃农村金融市场，完善农村金融服务体系，积极服务社会主义新农村建设，助力乡村振兴。

4.3 "农贷通"的功能与定位

4.3.1 融资供需对接

（1）服务人群：农业经营主体。

（2）作用：对经营主体的贷款申请，由金融机构依据信用信息提出受理意见，农业部门提出是否符合产业发展、扶贫开发、新农村建设等方面政策的审核意见，对符合要求的项目纳入"农贷通"服务平台，金融机构根据受理和政策审核意见提出综合融资方案。

4.3.2 产权流转服务

（1）服务人群：农业经营主体。

（2）作用：依托政策性投融资服务平台，建设以农村产权流转交易、农村产权（资产）收购处置、农村信用征集服务为重点的支撑体系，为"农贷通"融资服务平台提供支持。完善各类农村产权的颁证、抵押登记、信息公示以及入场流转等工作，逐步扩大可抵押的农村产权种类，建立农村产权价值评估体系，定期发布各类农村产权的指导价格，并与资产收购处置、信贷风险分担紧密结合。农村产权交易流程，见图4-4。

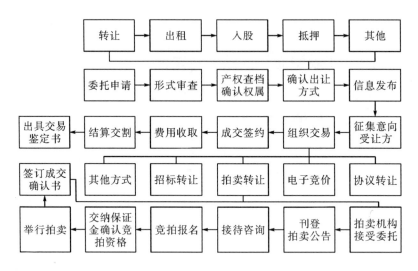

图 4-4　农村产权交易流程图

4.3.3　电商服务

（1）服务人群：农业经营主体。

（2）作用：盘活农村各类资源，逐步扩大农村电商平台多领域应用领域，吸引农村经营主体主动加入农村电商平台，并引导其加强规范化经营管理，提升我市农村电商平台的整体品质。

4.3.4　农业政策咨询

（1）线上平台咨询。"农贷通"平台整合了实时的农村金融动态、"农贷通"政策以及农业政策，并及时发布。用户可通过平台官网查询了解相关的政策资讯，了解当前农村金融和"农贷通"平台的最新动态，加深对政策和平台的了解程度。

（2）线下服务站咨询。首先，村级服务站会进行支农惠农政策的宣传并提供咨询服务。其中，农村金融综合服务站、农村产权交易服务站、农业农村电商服务站主要承担对农业经营主体融资贷款、农村产权交易和农村电子商务有关政策的宣传、咨询，以及对失信行为进行联合惩戒与对守信行为进行联合激励等。同时，村级服务站会通过举办现场咨询等方式，以达到宣传农村金融、农村产权流转交易和农村电子商务有关政策的目的。其次，乡镇服务中心面向村级服务站、农村经营主体和广大农户开展农村金融政策、农村产权交易政策、农村产权流转交易政策、农业农村电商政策和其他相关政策的宣传、咨询。通过组织培训、现场答疑、张贴图片、发布信息等形式开展农村金融政策、农村产权交易政策和农业农村电商政策等相关政策的宣传、咨询。该功能主要面向的是农村经营主体和广大农户，目的是让农村经营主体和广大农户通过线上线下相结合的方式增强对相关政策的了解，同时达到推广平台的目的。

4.3.5 金融风险分担

平台建立贷款损失风险分担机制，整合各类担保基金，建立政策性农业担保公司的资本金补充机制。市级担保公司综合采取注资、联合担保、再担保等手段增强区（市）县担保公司的担保能力。整合设立"农贷通"风险基金，合理确定银行、保险公司、担保公司、风险基金的风险分担比例，制定完善风险基金管理办法，明确风险责任分担机制，在确定的"农贷通"平台信贷损失分担比例基础上，简化操作手续，实行信贷风险的及时按约定分担。委托农村产权收储机构管理"农贷通"风险基金，加强同各类资产管理公司的合作，开展农村产权和农村债权的收购处置工作。

市农委、市财政局、市金融办制定《成都市"农贷通"风险资金管理暂行办法》，明确了风险资金的以下方面：

（1）目的：设立"风险资金"的目的是发挥财政资金杠杆效应，积极推进农村产权抵（质）押贷款，完善银担、银保合作和风险分担机制，引导推广农业企业定制化融资产品，有效缓解农业农村"融资难、融资贵"问题。

（2）资金来源：整合市级、区（市）县农村产权抵押融资风险基金及"风险资金"的利息收益。根据"风险资金"使用情况，每年县级财政根据区域贷款损失给予补充，市财政按不高于50%的比例给予补助。

（3）分级管理：市农委、市财政局、市金融办作为"风险资金"的主管部门，负责制定管理办法、落实资金预算；"农贷通"平台服务机构要向金融机构推荐好的项目，向业主（企业）推荐好的金融产品；"农贷通"联席会议负责确认风险损失、划拨补偿资金和绩效考核与评估；区（市）县农业主管部门和财政局负责筹措本级资金，筛选推荐优质新型农业经营主体（业主），通过"农贷通"平台向各金融机构推荐融资需求企业，协助处置风险；担保机构、保险公司及合作银行负责审查推荐项目，把控项目风险和维护信贷资金安全，承担相应风险和损失，每月在"农贷通"平台上报发放贷款（担保、承保）项目情况，并通过"农贷通"平台进行损失申报、审核。

（4）专户托管："风险资金"委托成都市农村产权收储公司进行管理，并在合作银行设立资金专户托管。在"风险资金"存续期间，除用于贷款风险补偿外，参与各方不得以任何理由支取或划转资金。合作银行定期向市农委、市财政局和市金融办上报托管资金动向。

（5）分类管理：首期资金主要为整合市、县"农村产权抵押贷款风险资金"筹集，其中市级 6 000 万元、各区（市）县不少于 500 万元，总规模不低于 1.7 亿元的资金进行统一管理。风险基金分别设立农村产权直接抵（质）押融资风险资金；"农贷通"惠农贷风险资金；保险公司信用保证保险风险资金。上述资金在"风险资金"专户下分账核算、专款专用，互不调剂。

（6）支持范围：支持进入成都市"农贷通"平台的新型农业经营主体。单户贷款企业授信最高额度为 500 万元，农业个人生产经营授信最高额度为 100 万元。

（7）利率及担保费率：对贷款用于农业生产的农业经营主体（或企业），合作银行的贷款利率上浮比例不超过人民银行同期限档次基准利率的 30%，融资性担保公司的保费率每年不超过 2.0%。保险公司保费费率每年不超过 2.5%。

（8）风险损失分担，如表 4-1 所示。

（9）协议终止：当"风险资金"连续两年不足分担贷款损失风险时，经"农贷通"联席会议会同合作银行、担保公司、保险公司协商一致共同签署《终止协议通知书》，即合作银行和担保机构停止办理新的授信业务，直至债权债务清偿审计结束，才终止协议的履行。

表 4-1 风险损失分担方式表

贷款方式	银行抵（质）押贷款方式	担保公司保证担保方式	保险公司保证保险方式
文件名称	成都市"农贷通"农村产权直接抵（质）押融资风险资金使用实施细则	成都市"农贷通—惠农贷"风险资金实施细则	成都市"农贷通"风险资金—保险公司信用保证保险风险资金实施细则
筹集规模	初期规模为 8 000 万元	初期规模为 6 000 万元	初期规模为 2 000 万元
委托管理	视使用情况在下一年度进行追加，追加资金由市、县财政共同承担。委托成都市农村产权收储公司进行管理，并在合作银行设立资金专户托管。		
风险损失分担比例	"农村产权直接抵（质）押融资风险资金"合作银行承担 80%，合作银行承担 20%	"农贷通惠农贷风险资金"承担 20%，合作银行承担 80%，担保公司承担比例按协议约定为准（银行风险分担比例不低于 10%）	合作银行风险分担比例不超过 30%，在一个自然年度内，对保险公司涉农小额贷款保证保险（已决赔款总额/实收保费总额）超过 80%～100%的部分，由"风险资金—保险公司信用保证保险风险资金"按 50%的比例补偿；赔付率超过 101%～140%的部分按 55%的比例补偿；赔付率超过 140%的部分按 60%的比例补偿

表4-1（续）

贷款方式	银行抵（质）押贷款方式	担保公司保证担保方式	保险公司保证保险方式
贷款方式	银行贷款利率最高不超过人民银行同期基准利率上浮30%	银行贷款利率最高不超过人民银行同期基准利率上浮30%，融资性担保公司的保费率每年不超过2.0%	银行贷款利率最高不超过人民银行同期基准利率上浮30%，保险费率以保险监管机关备案或核准的费率为基础，年化费率最高不超过贷款本金的2.5%
名单登记管理	借款人须在"农贷通"平台注册，并按实录入相关经营数据等，由成都市"农贷通"联席会议办公室在线审批，决定该项目是否属于享受风险资金补偿政策范围	—	—
叫停机制	年度内"农村产权抵（质）押融资风险资金"余额不足时，停止办理农村产权抵（质）押融资业务，待融资结清后，恢复办理	"惠农贷"产品出现逾期贷款或表外垫款累计达约定金额或农贷通惠农贷风险资金不足当年度期初金额的50%时，停止办理"惠农贷"业务，待融资结清后，恢复办理	年度内当"保险公司信用贷款保证保险风险资金"余额不足时，停止办理贷款保证保险业务，所有融资结清后，恢复办理

注：保险公司获赔风险补偿金额＝｛［max（赔付率，80%）－80%］×50%＋［max（赔付率，100%）－100%］×5%＋［max（赔付率，140%）－140%］×5%｝×涉农小额贷款实收保费总额。

127

4.3.6 信用信息共享

"农贷通"平台建立了信用信息数据库。利用平台，从有融资需求的农业经营主体入手，把分散在各部门的管理数据汇总，逐步积累、完善信用数据并及时补充和更新。成都市农村电子商务平台设立了农村信用采集站和采集员，负责收集更新农业信用信息指标，实时更新管理数据，逐步形成覆盖全市的农村信用信息数据库。数据库系统实现了信息查询、分类汇总与筛选、信用评价展示等功能。按照"政府主导、人行牵头、市场运作"的原则，部分区县依托农村电子商务平台初步建成以"数据库+网络"为核心的金融服务和信用信息平台，平台还设置了专业农村信用查询工具，金融机构可在线上查询企业、法人的征信状况，实现了农村经济主体信息的采集与共享。由人民银行牵头，制定符合现代农业经营主体发展实际的农村信用信息指标模板，搭建农村金融与信用信息服务平台，建立覆盖全市行政村的农村金融与电子商务村级服务站，实现金融服务与融资对接效率的有效提升。同时，平台还加快了乡镇（街道）、村（社区）金融服务体系建设，建立了新型农村经营主体信息共享机制。目前，"农贷通"平台通过与成都市大数据和电子政务办及其下属事业单位成都大数据局建立涉农数据共享机制，实现成都市各市级部门及公共事业单位涉农数据的归集整合，已经接入成都市工商局企业信用信息系统，导入 1 500 余万条企业数据（其中包括全市已登记注册的新型农业经营主体），保证了数据同步更新。截至 2020 年 7 月底，平台已入库新型经营主体近 3 万户[1]，重点采集了农业企业、合作社、家庭农场、职业经理人等新型经营主体的基础信息、权证信息和信用信息。

---

[1] 数据源引自 2020 年中国农业大学普惠金融研究团队编制的《成都市农村金融服务改革第三方评估报告》。

4.3.7 财政贴息

平台推行贷款对象财政贴息政策，其贴息原则为突出重点、择优扶持、额度控制、先付后贴，通过"农贷通"平台推荐审核并已实际发生贷款利息支付的涉农贷款项目业主均可进行贷款项目贴息申报。贴息项目范围及标准，见表4-2；贴息申报审定程序，见图4-5。

表4-2 贴息项目范围及标准

项目类别	具体范围	贴息比例（当期银行贷款基准利率）
大宗粮食种植项目	从事水稻、小麦生产，面积在50亩（含）以上。	80%
特色种植业项目	从事蔬菜生产，包括：叶菜类：莴笋、芹菜（西芹除外）、莲花白、大白菜；茄果类：大番茄、茄子、青椒；瓜类：黄瓜、冬瓜；根茎类：白萝卜；甘蓝类：花菜。 以上特色种植面积露地50亩（含）以上，大棚15亩（含）以上，且已连续种植满两年。	50%
	从事伏季水果、猕猴桃生产，露地50亩（含）以上，大棚15亩（含）以上，且已连续种植满两年。	
	从事茶叶、中药材生产，露地50亩（含）以上，大棚15亩（含）以上，且已连续种植满两年。	
	从事食用菌生产，露地10亩（含）以上，大棚3亩（含）以上，且已连续种植满两年。	

表4-2(续)

项目类别	具体范围	贴息比例（当期银行贷款基准利率）
特色养殖业项目	生猪：年出栏量 1 000 头以上（含），且已连续养殖满两年。	50%
	肉羊：年出栏量 1 000 头以上（含），且已连续养殖满两年。	
	肉牛：年出栏量 100 头以上（含），且已连续养殖满两年。	
	肉鸡：年出栏量 10 万只以上（含），且已连续养殖满两年。	
	从事水产养殖的，养殖水面面积 20 亩（含）以上，或者流水面积 2 000 平方米（含）以上，且已连续养殖满两年。	
三产融合发展项目	对于续建、新建的一、二、三产业融合发展项目，固定资产投资在 600 万元（含）以上的，不包括用于支付的土地流转费用。	30%
	对农产品加工项目，加工企业固定资产投资在 2 000万元（含）以上的，不包括用于支付的土地流转费用。	
	对农业生产服务项目，固定资产投资在 200 万元以上的，不包括用于支付的土地流转费用。	

注：

①每个贷款项目贴息资金总额不超过 200 万元，在贴息时限内获得其他贷款贴息的项目不得重复享受贴息补助；同一个贷款项目不得重复享受贴息补助。

②贴息资金由市和区（市）县财政按不同比例分担（成都天府新区为 2∶8，龙泉驿区、新都区、温江区、双流区、郫都区为 4∶6，青白江区、简阳市、都江堰市、彭州市、邛崃市、崇州市、金堂县、新津区、大邑县、蒲江县为 6∶4）。

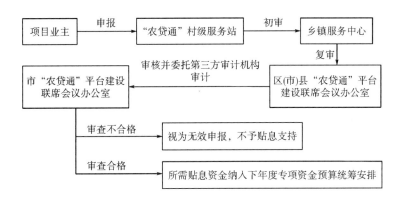

图 4-5　贴息申报审定程序

4.4　"农贷通"平台运行的配套制度

配套制度是支撑"农贷通"平台的基础。为了有效支持和发挥"农贷通"平台的功能,深化农村金融综合服务改革,中央和地方政府相继颁布了一系列相关文件。

4.4.1　中央层面政策

(1)《成都市农村金融服务综合改革试点方案》

到 2020 年,成都建立较为完备的农村金融服务体制机制,率先形成推动新型城镇化和农业现代化发展的金融支持体系,基本实现城乡金融服务均等化。

(2)《中共中央、国务院关于深入推进农业供给侧结构性改革加快培育农业农村发展新功能的若干意见》

要加快农村金融创新,鼓励金融机构积极利用互联网技术,为农业经营主体提供小额存贷款、支付结算和保险等金融服务；支持农村商业银行、农村合作银行、村镇银行等农村中小金融机构立足县域，加大服务"三农"力度，健全内部控制和风险管理制度。

（3）《中共中央国务院关于实施乡村振兴战略的意见》

要开拓投融资渠道，强化乡村振兴投入保障，健全投入保障制度，创新投融资机制，加快形成财政优先保障、金融重点倾斜、社会积极参与的多元投入格局。

4.4.2 四川省与成都市层面政策

（1）《成都市农村金融服务综合改革试点方案》

从完善农村金融组织体系、加快农村金融产品和服务创新、发展涉农多层次资本市场、推动农村信用体系建设、健全配套政策措施五个方面进一步完善了成都农村金融改革试点路径，细化改革重点推进内容。

（2）《四川省金融业"十三五"发展规划》

成都作为全国农村金融服务综合改革试点地区和全国首批移动电子商务金融科技服务创新试点城市，主要任务之一就是推进成都市农村金融服务综合改革试点。这要求成都市完善农村金融服务体系，鼓励发展新型农村金融组织，探索开展农村地区普惠金融综合服务，丰富农村金融服务主体，形成较为完备的农村金融服务体制机制，同时也要重视互联网金融规范发展的引导。

（3）《关于建立"农贷通"平台促进现代农业与现代金融有机融合的试行意见》

提出平台建设将按照"一个平台、三级管理、市县互动"的总体思路，以盘活农村各类资源，推动农业产业化经营为核心，充分发挥财政金融支农政策的导向和撬动作用，还提出要建立多层次的信贷供需对接机制，多元化的融资实现机制、贷款损失风险分担机制、基层服务站综合服务机制、完善信用信息数据库、可持续的数据平台运行模式，而这些都需要政府相关部门、银行机构、保险机构通力合作。除此之外，还提出要强化组织保障、政策扶持、金融服务、检查督促等方面以保障平台能更顺利地运行。

（4）《关于做好"农贷通"平台支持项目贷款贴息工作有关事项的通知》

提出"农贷通"平台支持项目的贷款贴息条件、范围、标准。确定贴息资金分担比例和贴息流程。

（5）《〈成都市"农贷通"风险资金管理暂行办法〉的通知》

提出"农贷通"风险资金来源和管理模式，明确风险补偿条件和流程。

（6）《成都市人民政府办公厅推进普惠金融发展的实施意见》

（7）《关于印发金融支持四川现代农业"10+3"产业体系八条措施的通知》（川金发〔2020〕12号）

（8）《关于鼓励和引导金融机构参与"农贷通"平台服务意见的通知》（成金发〔2017〕30号）

（9）《关于印发〈成都市"农贷通"平台建设推进工作方案〉和〈成都市"农贷通"平台融资贷款项目支持目录清单〉的通知》（成农办〔2017〕52号）

（10）《成都市"农贷通"平台村级服务站和乡（镇）服务中心建设规范（试运行）》（成农办〔2017〕19号）

4.4.3 成都市下辖地区层面政策

彭州市

（1）《关于印发<彭州市开展农产品金融仓储改革实施方案（试行）>的通知》

提出要开展农产品金融仓储改革，成立金融农产品金融仓储公司发展涉农金融仓储。开展农业设备、农作物、农产品等农村动产质押担保贷款，完善农村产权抵（质）押融资机制。

（2）《关于印发<彭州市农村产权价值评估管理办法（试行）>的通知》

将易储存的蔬菜、中药材、禽畜肉类和粮食等农产品纳入农村产品范围。并提出建立由部门专业技术人员"专家库"、农产品经纪人"智囊团"组成的农村产权评估公司。

（3）《关于印发<彭州市农村产权抵押贷款改革试点工作方案>的通知》

通过评估机构评估价值，风险基金管理机构、金融机构和借款人三方签订协议的方式，打通农村土地承包权、土地经营权、农村集体建设用地使用权（不含宅基地）、农村房屋所有权（含宅基地）、林地承包权、林地经营权、林木（竹果）所有权、林木（竹果）使用权、农业生产设施所有权和易储存的农作物作为抵押（质押）物的融资路径。

都江堰市

（1）《都江堰市农村信用体系建设实施方案》

通过制定科学合理的农村信用评级标准，完善农村守信激励和失信惩戒机制。利用信用评级产品，引导金融资源、社会资本进入"三农"领域，扩展"三农"领域，为"三农"发展提供充足的资金保证。

崇州市

（1）《崇州市人民政府办公室关于进一步深化农村产权抵押融资试点的实施意见》

提出逐步建立健全农村各类产权抵押融资配套管理办法、评审管理办法、风险管理办法，实现农村各类产权抵押融资制度化、规范化、常态化，促进农村经济社会快速发展。

（2）《崇州市农村土地经营权流转管理实施办法（试行）》

提出落实集体土地所有权、稳定农户承包权、放活土地经营权，推进农村土地经营权有序流转；实现农村集体土地所有权、农户承包权、土地经营权三权分置，引导土地经营权有序流转；盘活农村产权，增强农业农村发展后劲，促进现代农业的发展。

（3）《崇州市农业生产设施所有权登记管理工作实施方案》

提出构建农业生产设施所有权登记管理、交易流转、抵押融资机制，建立农业生产设施管理系统和交易服务平台，完成全市农业生产设施所有权确权颁证，推进工作进度，加强保障措施；加强农业生产设施管理，促进设施农业发展，维护农业生产设施所有权人的合法权益。

金牛区

《金牛区加快金融业聚集发展的若干政策》

武侯区

《武侯区促进金融业高质量发展若干扶持政策》

郫都区

《成都市郫都区农村金融服务综合改革试点规划（2016—2020年）》

从建立完善工作机制、加快完善金融组织体系，激发农村金融市场活力、加快金融产品和服务方式创新，提升农村金融服务水平、培育发展多层次资本市场，拓宽"三农"融资渠道、大力推动农村信用体系建设，优化金融生态环境五大方面提出 21 个大类共计 51 条具体措施。

温江区

《成都市温江区实施乡村振兴战略扶持政策（试行）》

每年安排 6 000 万元专项资金，综合采取股权投资、奖励补贴等方式，加大对市场主体投资农业农村项目的财政支持，促进城乡融合发展和都市现代农业高质量发展。扶持范围为生物农业、花卉苗木、涉农智造、农旅融合等涉农产业。扶持对象为全区各镇（街道）、村（社区）；工商、税收、产品注册地均在温江的企业、农民专业合作社、农村集体经济组织、家庭农场和种植大户；围绕温江主导产业开展科技服务的高校院所、社会组织和机构。

双流区

《成都市双流区金融支持实体企业高质量发展行动方案（2018—2022）》

强化金融资本对区内存量企业做优做强的催化作用，引导资本投向"3+1"产业体系，助力存量企业高质量发展；重点加大对科技和成长型企业的扶持力度，稳步推动财政奖补资金向股权投资转变；着力提高金融资本支持存量企业的精准度，立足产业生态链及企业生命周期总体需求，优化金融要素供给，实施定制化服务，提升金融支持"三个转变"的能力。切实抓好金融服务实体经济、防范金融风险、深化金融改革三大主要任务，不断优化金融资源配置，重点支持企业做优做强，全面推进高质量建设航空经济之都、生物产业之城、电子信息之谷。

新津区

（1）《新津区农村产权抵押融资风险基金使用管理办法》

大力推进风险基金落地使用，逐步化解金融机构融资风险。

（2）《新津区农村金融服务综合改革试点工作实施方案》

鼓励和引导金融机构开展农村产权直接抵押融资，探索农村土地流转收益保证融资。

新都区

《成都市新都区人民政府办公室关于加强农村产权流转交易体系建设工作的意见》

深化统筹城乡发展和农村改革，以确权颁证成果为基础，引导集体建设用地使用权、农村土地经营权、林权、经济林木（果）权、农村房屋所有权、农村养殖水面经营权、农业生产设施所有权、农村集体经济组织股权、农业类知识产权、农业产业化项目、农村土地综合整治项目、资产处置等各类农村产权流转交易规范进行，切实提升我区农村产权流转交易服务水平，不断激活农村发展内生动力，加快推进城乡统筹发展。

青白江区

《青白江区实施乡村振兴战略若干配套政策措施》

提高涉农资金聚合效益。加强涉农资金整合，分类有序推进财政涉农资金统筹整合，探索建立涉农资金整合长效机制，集中投入，成片整体推进，提高涉农资金的整体合力、聚合效应和使用绩效，切实提升支农资金使用效益，实现"集中财力办大事"。探索财政补助资金形成的资产移交村集体经济组织或农民专业合作社持有和管护，盘活资产量化股权，发挥财政资金的引导作用，积极稳妥、逐步推进股权收益权量化改革。优化资本要素供给。加强与金融机构、优势企业合作，发起设立乡村振兴基金，用于乡村振兴产业投资、重点项目支持等。发挥国有企业作用，鼓励国有企业按程序投资农业农村建设。鼓励天使投资、VC 投资、PE 投资、私募股权投资基金等投资机构向农业企业提供股权融资服务，对投资于我区未上市农业企业 3 年（36 个月）以上的股权投资机构，按其实际投资额的 2%，给予一次性最高不超过 1 000 万元的奖励。对农业经营主体参加政策性农业保险按照《成都市政策性农业保险专项资金管理办法》（成农险办〔2018〕1 号）和成都市年度工作实施方案给予保费补助。

4.5 "农贷通"的平台产品展示

4.5.1 涉农主体金融服务产品

"农贷通"平台目前主要的贷款产品有信用贷款、担保贷款、抵（质）押贷款。

1. 信用贷款

表 4-3　部分信用贷款类产品

产品名称	最高借款额度	机构名称	贷款对象	还款期限	成交笔数/笔	特色介绍
农户小额信用贷款	10 万元	成都农商银行	个人	36 个月	2 406	用途多样（消费、经营）、使用方便灵活
家庭农场贷款	1 000 万元		个人、企业	5 年	73	贷款条件、额度、期限标准化设置。可根据贷款的具体情况，灵活选择信用、保证、抵押、质押的担保方式或担保方式的组合
一般流动资金贷款	100 000 万元		企业、个人	2 年	41	期限灵活，能够满足借款人临时、短期、中期流动资金需求，手续便捷，融资成本低

资料来源：成都农贷通官网整理。

2. 担保贷款

表 4-4　部分担保贷款类产品

产品名称	最高借款额度	机构名称	贷款对象	还款期限	成交笔数/笔	特色介绍
专合贷—社员贷款	200 万元	成都农商银行	个人	5 年	70	农民专业合作社专属产品
惠农贷	200 万元		个人、企业	5 年	94	标准化的授信模式，资料简便；贷款使用灵活，可以一次授信分次支用、循环支用；贷款用途涵盖农产品种养殖、收购、加工等多环节
家庭农场贷款	1 000 万元		个人、企业	5 年	73	贷款条件、额度、期限标准化设置。可根据贷款的具体情况，灵活选择信用、保证、抵押、质押的担保方式或担保方式的组合

3. 抵押、质押贷款

表 4-5　部分抵押、质押贷款类产品

产品名称	最高借款额度	机构名称	贷款对象	还款期限	成交笔数/笔	特色介绍
天府随心贷	1 000 万元	成都农商银行	个人	10 年	939	一次授信，循环使用、随借随还、手续简便、还款方式灵活
专合贷—社员贷款	200 万元		个人	5 年	70	农民专业合作社专属产品
惠农时贷	200 万元		个人、企业	5 年	94	标准化的授信模式，资料简便；贷款使用灵活，可以一次授信分次支用、循环支用；贷款用途涵盖农产品种养殖、收购、加工等多环节

4.5.2　个人金融服务推荐产品

1. 信用贷款

表 4-6　部分信用贷款类产品

产品名称	最高借款额度	机构名称	贷款对象	还款期限	成交笔数/笔	特色介绍
小额信用贷款	10 万元	成都农商银行	个人	36 个月	2 406	用途多样（消费、经营）、使用方便灵活
惠农 e 贷	500 万元	中国农业银行	个人	5 年	13	主要采取信用方式发放贷款，支持政府增信、法人保证、抵质押等多种担保方式
养老贷款	10 万元	成都农商银行	个人	60 个月	3	解决一次性缴纳养老保险的城乡居民的资金困难

2. 担保贷款

表 4-7　部分担保贷款类产品

产品名称	最高借款额度	机构名称	贷款对象	还款期限	成交笔数/笔	特色介绍
专合贷—社员贷	200 万元	成都农商银行	个人	5 年	70	专业合作社专属产品
彩虹贷	500 万元	哈尔滨银行股份有限公司成都双流支行	个人	5 年	3	信用授信、抵质押担保、保证担保均可，经营用途可循环使用
创业担保贷款	10 万元	成都农商银行	个人、企业	36 个月	2	在贷款期内财政部门据实全额贴息

3. 抵押、质押贷款

表 4-8　部分抵押、质押贷款类产品

产品名称	最高借款额度	机构名称	贷款对象	还款期限	成交笔数/笔	特色介绍
天府随心贷	1 000 万元	成都农商银行	个人	10 年	939	一次授信，循环使用、随借随还、手续简洁、还款方式灵活
农村个人生产经营贷款	1 000 万元	中国农业银行	个人	8 年	5	贷款方式灵活、用款方式灵活、节省利息
惠农时贷	200 万元	成都农商银行	个人、企业	5 年	94	标准化的授信模式，资料简便；贷款使用灵活，可以一次授信分次支用、循环支用；贷款用途涵盖农产品种养殖、收购、加工等环节

141

4.5.3 其他类型推荐产品

表 4-9 "农贷通"平台与农村产权交易所合作产品

产品名称	产品概况	特色与优势	办理流程	适用对象
农村住房财产权抵押贷款	农民住房财产权抵押贷款是指借款人不转移农民住房的占有与使用权的情况下，将房屋财产权进行抵押，向银行申请办理的贷款	（1）抵押方式新颖；（2）用款方式灵活；（3）节省利息	（1）贷款流程：贷款申请→贷款审批→抵押登记→贷款通过。（2）借款应用于借款人农业生产经营等我行认可的合法用途。（3）借款期限根据实际情况与借款人协商确定，一般最长期限不超过5年	试点地区符合条件的借款人
农村土地综合整治项目贷款	指银行机构向借款人发放的用于农村农用地整理项目、城乡建设用地增减挂钩试点项目或集体建设用地整理集中使用项目的贷款	（1）担保方式灵活；（2）具有定价优势	（1）贷前调查，借款人需提供基础资料，除符合一般授信业务调查内容及规程外，还应提供土地所有权等确权颁证概况。（2）调查报告的撰写。（3）项目按本行现有规定报授信审批部门审查、审批。（4）签订借款合同、担保合同。（5）满足放款前置条件后发放贷款。（6）贷后管理	依法登记的，由项目实施地农村集体经济组织成员出资成立的农村集体资产管理公司、农民专业合作社以及其他由农民自愿联合、民主管理的经济组织
农业科技贷款	银行按照国家政策规定，为支持农业科技创新与推广应用发放贷款	无	（1）贷款用途：用于解决借款人直接实施农业科技推广应用的资金需要和必需的配套资金需要。（2）贷款范围：农业科技发展优先主题领域的科技成果的推广应用，其中重点支持种业、农机、节水灌溉、粮油实用生产技术等领域。（3）贷款方式：①抵押担保方式。择优选择土地、房产等有效资产进行抵押；②保证担保方式。优先选择地（市）级以上财政出资设立的担保公司担保；③质押担保方式。对支持地市级以上政府推广农业科技项目、并由财政补贴作为全部偿贷来源的农业科技贷款。（4）办理流程：贷款准入审查→评级授信→贷款调查评估→确定贷款方式	实施农业科技成果推广应用的企、事业法人

表 4-10 林业保险

产品名称	适用人群	投保标的	保障金额	保障期限	保险责任	投保要求
政策性森林保险	林农、林场、林业企业等	商品林、公益林	500元/亩、800元/亩、1000元/亩	1年,具体以保险单载明的起讫时间为准	在保险期间内,由于下列原因直接造成保险林木流失、掩埋、倒伏、死亡或推断死亡,保险人按照保险合同的约定负各赔款:(1)火灾、洪水;(2)暴雨、冰雹、霜冻、雪灾、雨淞、暴雪;(3)旱灾、风、泥石流、暴发性、流行性森林病虫(鼠)害(具体范围见各条款)	(1)生长和管理正常,权属清晰的商品林、公益林;(2)花卉、苗木、四旁树不接受投保;位于洪水位线以下的林木
森林火灾保险	林农、林场、林业企业等	符合投保要求的林木	每亩参照投入成本或育林成本,由保险双方当事人协商确定	1年,以保险单载明的保险起讫时间为准	在保险期间内,由于下列原因直接造成森林的死亡,保险人按照保险合同的约定负责赔偿:(1)自然灾害意外火灾引发的森林火灾;(2)除投保人、被保险人故意触犯或违反国家有关法规而造成的森林火灾以外的其他原因造成的森林火灾	(1)生长正常,树龄在5年以上的天然林和人工林;(2)拥有国家颁发的林权证;(3)果木林、特种林、薪炭林和防护林不接受投保
苗木保险	个人、企业和其他经济合作组织等	符合投保要求的苗木	根据苗木的再植成本,由投保人与保险人协商确定,以保险单载明为准	1年,以保险单载明的保险起讫时间为准	在保险期间内,由于下列原因直接造成苗木死亡,保险人按照保险合同的约定负责赔偿:(1)火灾;(2)暴风、冰雹、冻灾、爆发性;(3)暴雨、旱灾、流行性病虫鼠害	(1)被保险人需持有林木种苗生产许可证,经营许可证以及具有对苗木的自主经营管理权。(2)种植苗木的条件:①种植地块应位于当地水位线以上的非蓄洪区,非行洪、非泄洪区内;②种植地块应整地连片种植,且能够清晰确定地界界限或整块位置,权属清晰;③生长正常,密度合理,且符合当地普遍采用的技术管理和规范标准要求

表 4-11　养殖业保险

产品名称	适用人群	保障金额	保障期限	保险责任
奶牛养殖保险	从事奶牛养殖的农民、农业生产经营组织等	按照投保牛的年龄、胎次或市场价值进行区分。保险金额为每头奶牛的定额固定，且不得超过当地市场价格的70%	1年	(1) 自然灾害、意外事故；(2) 难产48小时内死亡、胎产受伤所致伤残失去繁殖能力、难产后瘫痪；(3) 主要疫病与疾病造成死亡；(4) 按照国家有关规定，经畜牧兽医行政管理部门确认为发生疫情，并且经县（县）级以上政府下封锁令，对于扑杀的奶牛，保险人依据本保险条款约定给予部分赔偿
肉食鸡养殖保险	从事肉食鸡养殖的农民、农业生产经营组织等	保险金额由投保人与保险人协商确定	入栏至出栏，最长不超过56天	(1) 火灾、爆炸；(2) 洪水、台风、龙卷风、暴雨、冰雹、暴风、泥石流、山体滑坡；(3) 建筑物倒塌、空中运行物体坠落；(4) 疾病
生猪价格指数保险	从事生猪养殖的农民、农业生产经营组织等	276～1 200 元（最高赔偿金额）	保险期间为一年、两年或三年，由投保人自行选择	在保险期间内，因本保险合同责任免除以外的原因，造成约定周期猪粮比平均值低于投保人和保险人双方协商确定的约定猪粮比时，视为保险事故发生，保险人按本保险合同约定实施赔偿

表 4-12 种植业保险

产品名称	适用人群	投保作物	保障范围	保障期限	产品特色
水稻种植成本保险	农垦企业、家庭农场等	符合种植条件的水稻作物	暴雨、洪水、内涝、风灾、雹灾、冻灾、旱灾、地震、泥石流、山体滑坡；病虫草鼠害	从苗期开始到收获	(1) 保费低，政府补贴高。(2) 保障范围广、基本涵盖各种灾害。(3) 赔付标准清晰，赔付流程专业，赔付结果公开
玉米种植成本保险	农垦企业、家庭农场等	符合种植条件的玉米作物	暴雨、洪水、内涝、风灾、雹灾、冻灾、旱灾、地震、泥石流、山体滑坡；病虫草鼠害（具体范围见各省条款）	作物生长期内	(1) 保费低，政府补贴高。(2) 保障范围广、基本涵盖各种灾害。(3) 赔付标准清晰，赔付流程专业，赔付结果公开
马铃薯种植成本保险	农垦企业、家庭农场等	符合种植条件的马铃薯作物	暴雨、洪水、内涝、风灾、雹灾、冻灾、旱灾、地震、泥石流、山体滑坡；病虫草鼠害	从苗期到开始收获为止	(1) 保费低，政府补贴高。(2) 保障范围广、基本涵盖马铃薯作物种植成本，不保障马铃薯作物产量和收益。(3) 赔付标准清晰，赔付流程专业，赔付结果公开

4.6　本章小结

本章详细介绍了"农贷通"平台的机理分析、要素构成、功能与定位、配套机制、相关产品。

5 政府主导型农村数字金融服务
模式的应用现状——以"农贷通"为例

"农贷通"是集"普惠金融、财金政策、信用体系、产权交易、资金汇聚、现代服务"为一体的金融综合服务平台（李波，2018；李宏伟，2018）。整体来看，平台发展迅速，获得的财政支持增加，显著降低了农业经营主体的交易成本，提高了金融资源的配置效率，用户满意度评价较高，有效落实了成都农村服务综合改革的各项任务。据统计，截至 2021 年 12 月，已有 75 家金融机构和组织入驻"农贷通"平台，发布了 748 款金融产品，已入库项目 2 511 个，已采集 416 039 户农业经营主体信息，累计受理 25 165 笔贷款，共计404.52 亿元，实际放款 22 772 笔，共计发放 352.76 亿元，户均贷款金额为 154.91 万元[①]。

5.1 平台业务发展迅速，财政支持力度增大

5.1.1 业务发展迅速，有效促进了农村经济发展

表 5-1 展示了"农贷通"平台自 2017 年到 2020 年 6 月全市发

---

① 数据源引自：http://www.ndtcd.cn/#/nindex。

放贷款农户数和金额情况。可知,从放款农户数看,2017 年,"农贷通"平台为成都市各地区提供贷款户数为 1 670 户。随着平台服务的不断深化,截至 2020 年 6 月底,平台服务户数增加至 13 125 户,增加了 7.86 倍。从放款金额来看,2017 年,"农贷通"平台为成都市各地区农户发放贷款的数额为 11.54 亿元。随后,在村级金融服务站的宣传、推广以及政策的推进下,通过"农贷通"平台放款的金额年年递增,增速迅猛。截至 2020 年 6 月底,平台为成都市各地区农户发放贷款的数额为 229.69 亿元。整体发放贷款数额增长了 19.90 倍。综合表明,"农贷通"平台为成都市农村经济发展提供了有力的支持,满足了农户的生产性资金需求,大大降低了其融资成本,提高了农业经营主体的融资便利性,显著促进了农业农村经济的发展。

表 5-1 "农贷通"平台自 2017 到 2020 年 6 月全市发放贷款农户数和金额

时间	放款户数/户	放贷金额/亿元
2017 年	1 670	11.54
2018 年	5 547	58.61
2019 年	10 364	171.17
2020 年 6 月	13 125	229.69

数据来源:2020 年中国农业大学普惠金融研究团队《成都农村金融服务综合改革第三方评估报告》。

5.1.2 财政支持力度大,极大降低了贷款成本

按照成都市有关贴息政策的规定,在"农贷通"平台对接成功的贷款中,需按当期银行贷款基准利率的 100% 对从事粮油种植的贷

款项目和生猪养殖流动资金贷款项目进行贴息；需按当期银行贷款基准利率的50%对从事特色种养业生产和现代农业种业生产经营的贷款项目进行贴息；需按当期银行贷款基准利率的30%对从事一、二、三产业融合发展的贷款项目进行贴息。此外，每个项目主贴息总额不超过50万元。表5-2展示了2018—2020年"农贷通"平台项目贷款及贴息情况。由表5-2可知，2018—2020年，"农贷通"平台已累计对1 387笔符合贴息条件的27.57亿元贷款进行贴息，共计实现2 974.3万元的贴息支持，极大降低了农业经营主体的贷款成本。

表5-2　2018—2020年"农贷通"项目贷款及贴息情况

年份/年	贷款金额 /万元	财政贴息 补助金额 /万元	比例 /%
2018	34 472.33	445.18	1.29
2019	165 203.02	1 660.17	1.00
2020	75 107.91	853.91	1.14

数据来源：2020年中国农业大学普惠金融研究团队《成都农村金融服务综合改革第三方评估报告》。

5.2　平台低成本优势日益凸显，交易成本显著降低

5.2.1　交易时间成本节约

笔者通过实地走访金融机构和农业经营主体的方式，调查分析农业经营主体通过线上线下途径获得贷款的路径与效率的差异。

　　从线上线下贷款申请时间投入看，相较于线下申请，通过成都"农贷通"平台申请小额信用贷款和产权抵质押贷款均大大节约了借款人的时间成本，如图 5-1 所示。其主要原因在于：一是"农贷通"平台展示了大量产品信息，减少了借款人网点咨询的时间；二是通过村级服务站和乡级金融服务中心，平台已收集了农村经营主体的部分基本信息和辅助信息，减少了客户经理的贷前调查时间；三是"农贷通"平台有"重点项目库"信息，凡被列入项目库的经营主体，通过"农贷通"申请贷款均可直接获得政策支持，省略了担保物，节约了担保环节时间。

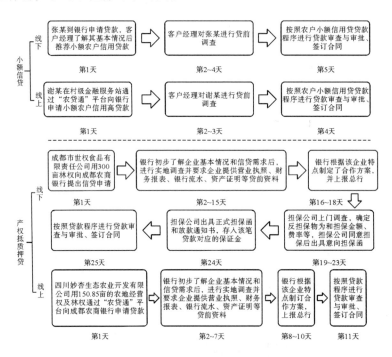

图 5-1　不同贷款产品线下线上申请贷款时间投入比较分析

5.2.2 交易费用成本节约

表 5-3 汇报了开展线上线下融资活动的成本情况,由表 5-3 可知,相较于线下申请,通过成都"农贷通"平台申请贷款可节约 23% 的融资成本。成都世权食品有限责任公司贷款年利率为 6.96%,担保费率为 2.5%,综合融资成本为年利率 9.45%;四川妙杏生态农业开发有限公司贷款年利率为 6.175%。按照《关于做好"农贷通"平台支持项目贷款贴息工作有关事项的通知》和《成都市"农贷通"风险资金管理暂行办法》,四川妙杏生态农业开发有限公司可享受年利率 1.425% 的贴息,贴息后的综合融资成本为年利率 4.75%。

表 5-3　线上线下融资成本比较分析

经营主体	贷款金额/万元	年利率/%	担保费率/%	贴息金额/万元	融资总成本/%	成本节约/%
成都市世权食品有限责任公司(线下)	100	6.95	2.5	0	9.45	0
四川妙杏生态农业开发有限公司(线上)	330	6.175	0	14.1	4.75	23%

5.3 平台信息优势日趋显化,农村金融资源配置效率显著提高

5.3.1 平台实现较高水平的融资平均对接率

在各个区县中,放贷金额最高达到 64 981 万元,其次为 35 348 万元,两者差约 1.8 倍。放贷金额最少为 7 062 万元,是最多放贷金额的十分之一,各区县放贷金额不均衡,如图 5-2 所示。

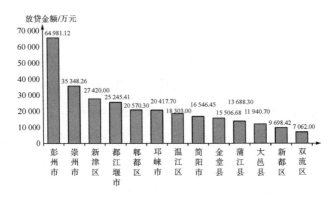

图 5-2　各县（区/市）"农贷通"平台放款数额

资料来源：调研数据整理。

此外，各区县贷款平均对接成功率为 69.46%。其中有 5 个区县高于平均水平，包括彭州市、新津区、邛崃市、简阳市、蒲江县，其贷款对接成功率分别为：77.75%，76.38%，71.06%，71.3%，70.7%，其余各区县贷款对接成功率均低于平均水平，如图 5-3 所示。

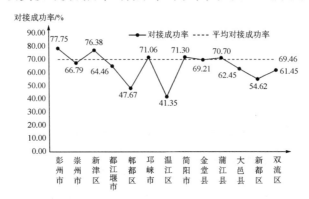

图 5-3　各县（区/市）通过"农贷通"平台贷款的对接成功率①

资料来源：调研数据整理。

---

① 各区县贷款对接成功率为放贷笔数与申请笔数之比，平均对接成功率为各地总放贷笔数与总申请笔数之比。

5.3.2　平台金融产品实现较好的供需匹配

成都市"农贷通"融资综合服务平台的金融产品共有 497 个，大致分为信用类、抵押类、担保类、质押类四类。其中，抵押贷款放贷金额远高于其他类型放贷金额，其放贷金额高达 173 539.09 万元，占总放款额的 60%，农村产权抵质押贷款金额需求量大，抵押贷款对接成功率低于平均水平。信用贷款申请笔数和放贷笔数均为最多。各类贷款平均对接成功率为 69.46%，其中，信用贷款和质押贷款对接成功率高于平均对接成功率，分别为 72.63%、75.61%。具体如图 5-4、图 5-5 和图 5-6 所示。

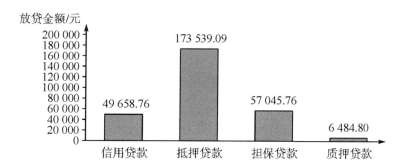

图 5-4　四类贷款方式的放贷金额

资料来源：调查数据整理。

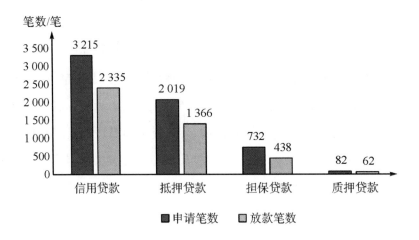

图 5-5 四类贷款申请笔数和放贷笔数

资料来源：调查数据整理。

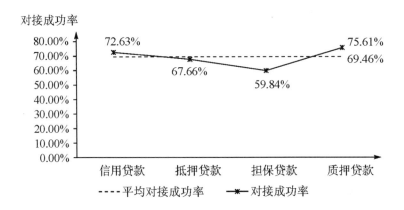

图 5-6 四类贷款对接成功率①

资料来源：调查数据整理。

---

① 四类贷款对接成功率为各类放贷笔数与其申请笔数的比值，四类平均对接成功率为四类贷款总放贷笔数与总申请笔数的比值。

5.3.3 平台满足了大多数中小农业经营主体的 融资需求

目前平台放贷金额情况可划分为三类:"10 万元以下贷款""10~50 万元贷款""50 万元以上贷款",其申请笔数分别为 3 108 笔、2 386 笔、1 306 笔;放贷笔数分别为 2 265 笔、1 685 笔、806 笔;申请笔数及放贷笔数呈现阶梯式队形,如图 5-7 所示。

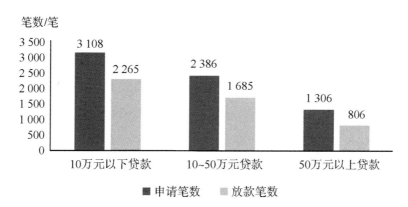

图 5-7 "农贷通"平台放贷情况

资料来源:调查数据整理。

此外,"10 万元以下贷款""10~50 万元贷款""50 万元以上贷款"三类放贷笔数占总放贷笔数的比率分别为 47.62%、35.43%、16.95%。其中,"10 万元以下贷款"和"10-50 万元贷款"的放贷笔数占到总放款笔数的 83.05%。

5.4 平台服务质量上升，用户满意度较高

5.4.1 平台用户满意度描述性分析

成都市"农贷通"平台顾客满意度评价数据采取线上和线下走访方式随机抽样获得。调查时间为 2018 年 7~8 月。本次围绕平台顾客满意度评价的调查共发放 180 份问卷，回收 177 份问卷，问卷有效率为 98.33%。

在受访样本中，从性别看，男性占 65.54%，女性占 34.46%，男性是使用"农贷通"平台的主要群体。从年龄看，18~45 岁的受访者占比 55.36%，45~60 岁的受访者占比 42.93%，60 岁以上的受访者占比 1.69%，表明中青年是使用平台的主要客户群体。从受教育情况看，受教育程度为初中及以下的受访者占 41.24%，中专与高中受访者占 39.54%，大专及以上受访者占 19.22%，表明使用"农贷通"平台的客户受教育水平较低。因此，平台在功能模块设计上需要考虑群体的特征。

5.4.2 平台应用多维度的满意评价

5.4.2.1 关于平台入驻金融机构的满意度评价

（1）"农贷通"用户对金融机构入驻数量的满意度评价情况。调查结果显示，43%的受访用户对金融机构入驻数量表示"非常满意"，45%的受访用户对金融机构入驻数量表示"比较满意"，11%

的受访用户对金融机构入驻数量表示"一般",仍有1%的受访用户对金融机构入驻数量表示"比较不满意"。如图5-8所示。

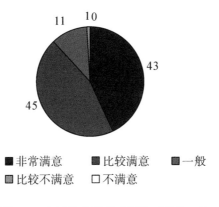

图5-8 入驻机构满意度评价（单位:%）

资料来源：调查数据整理。

（2）在"农贷通"用户对金融机构提供的产品种类满意度调查中，52%的受访用户表示"非常满意"，37%的受访用户表示"比较满意"，11%的受访用户表示"一般"，仍有1%的受访用户表示"比较不满意"，没有表现出"不满意"意向的用户。如图5-9所示。

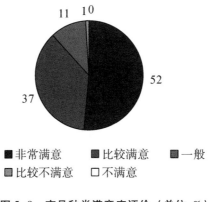

图5-9 产品种类满意度评价（单位:%）

（3）在"农贷通"用户对金融机构资产及信用价值评估准确度满意度调查中，54%的受访用户表示"非常满意"，38%的受访用户表示"比较满意"，7%的受访用户表示"一般"。仍有1%的受访用户表示"比较不满意"，无表示"不满意"意向的用户。如图5-10所示。

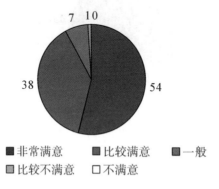

图5-10　资产及信用评估满意度评价（单位:%）

资料来源：调研数据整理。

（4）在用户对金融机构信誉满意度调查中，55%的受访用户表示"非常满意"，37%的受访用户表示"比较满意"，7%的受访用户表示"一般"，有1%的受访用户表示"比较不满意"，无表示"不满意"意向的用户。如图5-11所示。

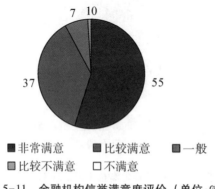

图5-11　金融机构信誉满意度评价（单位:%）

（5）"农贷通"用户对金融机构的工作人员服务态度满意度调查结果与前面的问题调查结果相差不大。57%的受访用户表示"非常满意"，36%的受访用户表示"比较满意"。依然有7%的受访用户表示"一般"，1%的受访用户表示"比较不满意"，没有表现出"不满意"意向的用户。如图 5-12 所示。

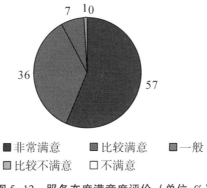

图 5-12　服务态度满意度评价（单位:%）

资料来源：调查数据整理。

（6）在用户对金融机构放款审核流程满意度评价调查中，56%的受访用户表示"非常满意"，36%的受访用户表示"比较满意"，8%的受访用户表示"一般"，有1%的受访用户表示"比较不满意"，无表现出"不满意"意向的用户。如图 5-13 所示。

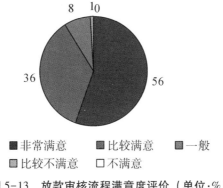

图 5-13　放款审核流程满意度评价（单位:%）

（7）用户对金融机构放款后服务的满意度调查结果表明，59%的受访用户表示"非常满意"，33%的受访用户表示"比较满意"，7%的受访用户表示"一般"。仍有1%的受访用户表示"比较不满意"，没有表现出"不满意"意向的用户。如图5-14所示。

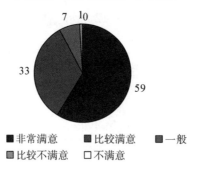

图5-14　放款后服务满意度评价（单位:%）

资料来源：调查数据整理。

（8）用户对金融机构放款利率的满意度调查结果显示，52%的受访用户表示"非常满意"，40%的受访用户表示"比较满意"，7%的受访用户表示"一般"，仍有1%的受访用户表示"比较不满意"，无表现出"不满意"意向的用户。如图5-15所示。

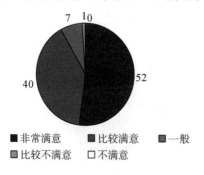

图5-15　放款利率满意度评价（单位:%）

5.4.2.2 "农贷通"平台自身满意度状况

（1）通过用户对平台操作界面满意度评价的调查可以看出，表示"非常满意"的用户有 51%，表示"比较满意"的受访用户有 38%，表示"一般"的受访用户有 9%。2% 的受访用户表示"比较不满意"，没有表现出"不满意"意向的用户。如图 5-16 所示。

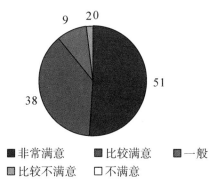

图 5-16 平台操作界面满意度评价（单位:%）

资料来源：调查数据整理。

（2）用户对平台的现有功能满意度评价调查结果显示：48% 的受访用户表示"非常满意"，42% 的受访用户表示"比较满意"，9% 的受访用户表示"一般"。仍有 1% 的受访用户表示"比较不满意"，无表现出"不满意"的用户。如图 5-17 所示。

（3）在用户对平台村站距离满意度评价的调查中，49% 的受访用户表示"非常满意"，41% 的受访用户表示"比较满意"，9% 的受访用户表示"一般"。仍有 1% 的受访用户表示"比较不满意"，无表现出"不满意"的用户。如图 5-18 所示。

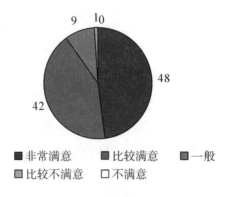

图 5-17　平台功能满意度评价（单位：%）

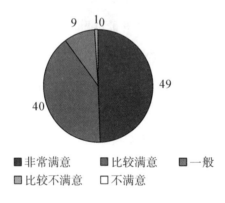

图 5-18　村站距离满意度评价（单位：%）

资料来源：调查数据整理。

（4）在用户对村级金融服务联络员的服务态度满意度评价中，表示"非常满意"的用户有 55%，表示"比较满意"的受访用户有 35%，表示"一般"的受访用户有 9%。有 1% 的受访用户表示"比较不满意"，无表现出"不满意"的用户。如图 5-19 所示。

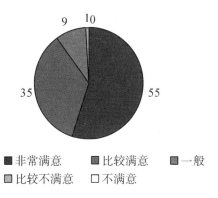

图 5-19 联络员服务态度满意度评价（单位:%）

（5）在用户对平台申请流程的便捷程度评价中，表示"非常满意"的用户有 51%，表示"比较满意"的受访用户有 39%，表示"一般"的受访用户有 9%。有 1% 的受访用户表示"比较不满意"，无表现出"不满意"的用户。如图 5-20 所示。

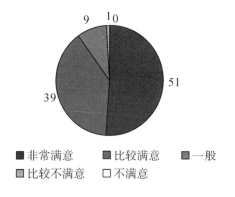

图 5-20 平台申请流程的便捷程度满意度评价（单位:%）

资料来源：调查数据整理。

5.4.2.3 对政府投入的满意度状况

（1）在用户对现有贴息政策的满意度评价中，表示"非常满意"的用户有 48%，表示"比较满意"的受访用户有 42%，表示"一般"的受访用户有 9%。有 1%的受访用户表示"比较不满意"，无表现出"不满意"的用户。如图 5-21 所示。

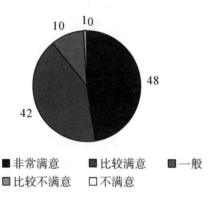

图 5-21 贴息政策满意度评价（单位:%）

资料来源：调研数据整理。

（2）从用户对目前平台开展的宣传活动满意度评价中可知，表示"非常满意"的用户有 48%，表示"比较满意"的受访用户有 42%，表示"一般"的受访用户有 9%。另有 1%的受访用户表示"比较不满意"，无表现出"不满意"的用户。如图 5-22 所示。

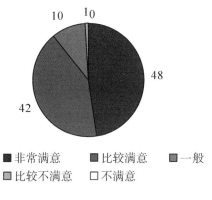

图 5-22　宣传活动满意度评价（单位:%）

5.4.2.4　用户对贷款使用的满意度状况

（1）在用户对申请到的贷款对生产或生活改善效果的满意度评价中：表示"非常满意"的用户有 51%，表示"比较满意"的受访用户有 41%，表示"一般"的受访用户有 8%。有 1%的受访用户表示"比较不满意"，无表现出"不满意"的用户。如图 5-23 所示。

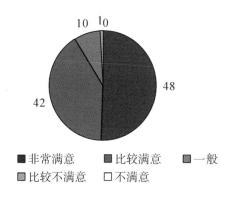

图 5-23　改善效果满意度评价（单位:%）

资料来源：调研数据整理。

（2）在用户对申请到的贷款与预期的贷款金额相比较的满意度评价中，52%的受访用户表示"非常满意"，39%的受访用户表示"比较满意"，8%的受访用户表示"一般"。有1%受访用户表示"比较不满意"，无表现出"不满意"的用户。如图5-24所示。

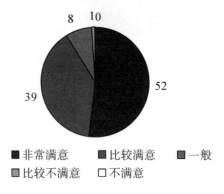

图5-24　贷款金额相比较满意度评价（单位:%）

5.4.3　平台应用综合满意度指数测算

5.4.3.1　研究方法

关于顾客满意度的研究最早由英国学者边沁（Bentham）在1802年提出。经过一百多年的发展之后，卡多佐（Cardozo）于1965年首次将顾客满意度引入营销学领域，用于研究如何针对消费者开展营销。随后，费耐尔博士基于顾客期望、购买感知、购买价格等因素，构建了费耐尔模型，形成首个顾客满意度指数（customer satisfaction index，简称CSI）。这个CSI指数被瑞典、美国、德国等国家广泛用于测算消费者对产品的满意度（张权，2018）。经过广泛发展，后来又有更多的方法，如因子分析法、AHP分析方法、聚类分析法、结构方程法等被用于评价消费者的满意度。尽管不同方法测算的结果会存在一定的差异，但方法测算出来的结果所呈现的评价趋势基本一致。因子分析法是评价消费者满意度较为成熟的方法。该方法的优势在于可以解决多指标所反映信息重叠及指标之间的相关性问题，即信息降维。且它确定的权数是基于数据分析而得出的指标之间的内在结构关系，不受主观因素的影响，表现出较好的客观性（吕火明等，2011），这对分析评价非常有利（唐娟莉，2012）。因此，本书采用因子分析法来对"农贷通"用户的满意度进行测算。

基于消费者满意度理论和已有相关研究，笔者首先构建了"农贷通"平台用户满意度评价体系和测量量表（如表5-4所示）。由此，构建因子分析模型的一般形式为：

$$X_i = \alpha_{1i}. \ F_1 + \alpha_{2i}. \ F_2 + \cdots + \alpha_{mi}. \ F_m + \varepsilon_i \qquad （式5-1）$$

其中，X_i 为观测到的随机变量（$i = 1, \ 2, \ \cdots, \ p$），代表用户对平台各方面的评价，$F_i$ 为第 i 个公共因子，为不可观测的变量；$\alpha_{ij}(j = 1, \ 2, \ \cdots, \ m)$ 为因子载荷；ε_i 为随机误差项，是前面 m 个公共因子不能包含的因素。

5.4.3.2 "农贷通"平台用户满意度评价量表和体系

本次测量量表由受访者个人基本特征信息和"农贷通"平台用户的满意度评价两部分构成。受访者主观满意度主要从入驻平台的金融机构满意度状况、平台使用满意度状况、政府投入的财政支持满意度状况以及资金使用效果满意度状况四个方面展开调查。所设置的问题均围绕"农贷通"平台用户满意度，采用李克特（Likert）五级量表进行度量，1~5分别代表"非常不满意""比较不满意"

"一般满意""比较满意""非常满意"，量表如表5-4所示。

为了准确有效测算成都"农贷通"平台用户满意度指数，本书依次对量表进行信度与效度检验。信度检验采用克朗巴哈系数（Cronbach'α）① 大小来判断量表内部一致性水平。效度采用探索性因子分析来进行检验。信度检验结果显示，整体量表Cronbach'α值为0.984，表明量表的内部一致性水平比较理想。运用探索性因子分析进行效度检验，结果显示用特征值大于1的最大方差法进行主成分因子分析，共提取1个公因子，解释方差为77.68%，Bartlett球体检验p值为0，KMO值为0.960，表现出良好的区别效度和聚合效度。综合表明，量表适用于测量成都"农贷通"平台用户满意度指数。

表5-4　成都"农贷通"平台用户满意度量表

变量	测量问项
入驻平台的金融机构满意度	金融机构入驻数量 金融机构提供的产品种类 金融机构资产及信用价值评估的准确度 金融机构信誉 金融机构工作人员的服务态度 金融机构放款审核流程 金融机构放款后服务 金融机构放款利率
平台使用满意度	平台操作界面 平台现有功能 金融服务村站距离 村级金融服务联络员的服务态度 平台申请流程的便捷程度

---

① α系数越接近于1，表明测度量表指标构建的可信度越高。当α系数大于0.9时，认为其内部一致性较理想；当α系数在0.7至0.8时，认为其内部一致性良好；当α系数在0.5至0.7时，认为一致性一般；当α系数在0.3至0.5时，认为一致性可接受；当α系数小于0.3时，认为其内部一致性较低。

表5-4(续)

变量	测量问项
政府投入的财政支持满意度	现有贴息政策 平台开展宣传活动
资金使用效果满意度	申请到的贷款对您的生产或生活改善的效果 申请到的贷款与您预期的贷款金额相比较

本书中成都市"农贷通"平台满意度指数测算指标体系由三级指标体系组成。一级指标是"农贷通"平台用户满意度指数，二级指标包括入驻平台的金融机构满意度、平台使用满意度、政府投入的财政支持满意度以及资金使用效果满意度四个方面，三级指标是由二级指标所包含的 17 个问项构成。

5.4.3.3　成都市"农贷通"平台用户满意度评价

（1）成都市"农贷通"平台满意度指数测算指标权重确定。本书采用主成分分析法对二级指标和三级指标计算权重。首先确定三级指标体系的权重，其次再确定二级指标体系的权重。例如，在确定二级指标 X_1 内 8 个三级指标 X_{11}、X_{12}、X_{13}、X_{14}、X_{15}、X_{16}、X_{17}、X_{18} 的权重时，先按照特征值大于 1 的最大方差法对这 8 个指标通过主成分分析进行降维处理，得到 1 个未旋转主成分 F_1 及初始成分矩阵。该主成分 F_1 的累计方差贡献率为 80.54%。关于各级指标权重的计算具体如下：

第一，将"归一化"的方差贡献率作为权重，对主成分进行加权平均计算得 X_1 和主成分 F_1 的关系。主成分 F_1 的值是由初始因子载荷矩阵中的数值除以主成分相对应的特征根开平方根计算所得，计算公式如（式5-2）所示：

$$F_1 = \frac{0.823X_{11}+0.919X_{12}+0.912X_{13}+0.937X_{14}+0.864X_{15}+0.921X_{16}+0.920X_{17}+0.870X_{18}}{\sqrt{6.443}}$$

（式5-2）

由此，X_1 与 X_{11}、X_{12}、X_{13}、X_{14}、X_{15}、X_{16}、X_{17}、X_{18} 之间的关系可表达为：

$$X_1 = 0.33X_{11} + 0.36X_{12} + 0.36X_{13} + 0.37X_{14} +$$

$$0.34X_{15} + 0.36X_{16} + 0.36X_{17} + 0.34X_{18} \quad （式5-3）$$

第二，对三级指标的系数进行"归一化"处理。"归一化"处理后系数为三级指标的权重，进而 X_1 与 X_{11}、X_{12}、X_{13}、X_{14}、X_{15}、X_{16}、X_{17}、X_{18} 之间的关系可表达为：

$$X_1 = 0.12 X_{11} + 0.13 X_{12} + 0.13 X_{13} + 0.13 X_{14} +$$

$$0.12 X_{15} + 0.13 X_{16} + 0.13 X_{17} + 0.12 X_{18} \quad （式5-4）$$

第三，以此类推，重复上述过程，计算二级指标权重。三级和二级指标权重计算结果如表5-5所示。

（2）"农贷通"平台用户满意度指数测算。基于前文指标构建和权重计算，本章针对成都市"农贷通"平台用户满意度评价的结果如表5-5所示。

表5-5　"农贷通"平台用户满意度指数测算结果

一级指标	得分	二级指标	得分	排序	三级指标	得分	排序
"农贷通"平台用户满意度指数	88.53	入驻平台的金融机构的满意度（0.24）	88.67	2	金融机构入驻数量（0.12）	86.22	17
					金融机构提供的产品种类（0.13）	89.11	4
					金融机构资产及信用价值评估的准确度（0.13）	87.89	11
					金融机构信誉（0.13）	89.33	2
					金融机构的工作人员的服务态度（0.12）	89.78	1
					金融机构放款审核流程（0.13）	89.33	3
					金融机构放款后服务（0.13）	88.44	8
					金融机构放款利率（0.12）	89.11	5
		平台使用满意度（0.25）	89.64	1	平台操作界面（0.21）	87.56	12
					平台现有功能（0.20）	87.44	13
					金融服务站距离（0.21）	87.33	14
					村级金融服务联络员的服务态度（0.20）	88.78	6
					平台申请流程的便捷程度（0.20）	88.33	9
		政府投入的财政支持满意度（0.25）	87.33	4	现有贴息政策（0.50）	87.33	15
					平台开展宣传活动（0.50）	87.33	16
		资金使用效果满意度（0.25）	88.50	3	申请到的贷款对您的生产或生活改善的效果（0.50）	88.33	10
					申请到的贷款与您预期的贷款金额相比较（0.50）	88.67	7

注：三级指标得分由每一问项的指标值除以最高标度5后取均值再以100计算所得。括号内为各级指标的权重值。一级指标得分基于二级指标及其权重计算所得；二级指标得分基于三级指标得分和权重计算所得。

首先，"农贷通"平台用户满意度指数为88.53，表明用户对成都"农贷通"平台的综合满意度都比较高。

其次，从二级指标入驻平台的金融机构满意度、平台使用满意度、政府投入的财政支持满意度以及资金使用效果满意度得分四个方面看，平台使用满意度得分最高，为89.64；其次是入驻平台的金融机构满意度，得分为88.67；排在第三的是资金使用效果满意度，得分为88.50；排在第四的是政府投入的财政支持满意度，得分为87.33。

再次，从三级指标分项得分看，得分最高的指标为金融机构工作人员的服务态度，分值为89.78；得分最低的指标为金融机构入驻数量，分值为86.22；17项指标得分均值为88.25，体现了用户对"农贷通"平台的各单项服务满意度评价比较高。

最后，从整体满意度均值看，金融机构入驻数量、金融机构资产及信用价值评估的准确度、平台操作界面、平台现有功能、金融服务站距离、现有贴息政策、平台开展宣传活动七个方面仍需改善。

5.5　本章小结

本章从平台融资对接、平台金融产品融资对接、平台放贷额度三个方面介绍了"农贷通"在成都市的应用现状及特征，并构建了三级用户满意度评价指标体系，运用因子分析法对平台用户满意度进行了评价，形成如下主要结论。

一是平台应用范围较为广泛，各区县贷款平均对接成功率较高，其中信用贷款和质押贷款对接成功率高于平均对接成功率。

二是用户对成都"农贷通"平台的综合满意度较高，从分项看满意度从高到低依次是平台使用满意度、入驻平台的金融机构满意度、资金使用效果满意度、政府投入的财政支持满意度。然而，在平台金融机构入驻数量、金融机构资产及信用价值评估的准确度、平台操作界面、平台现有功能、金融服务站距离、现有贴息政策、平台开展宣传活动七个方面，"农贷通"平台仍需进一步改善。

三是平台在供需对接上取得了良好的效果，并获得了用户较高的满意度评价。

6 政府主导型农村数字金融服务
模式运行效率测算
——以"农贷通"为例

6.1 研究方法

为有效估计成都市"农贷通"平台运行的技术效率，本书采用 Fried 等（2002）提出的 DEA 与 SFA 模型相结合的三阶段 DEA 模型。该模型可以克服传统的一阶段 DEA 模型和二阶段 DEA 模型（DEA 与 Tobit 模型相结合）的缺点，剔除外部环境因素及包含于冗余变量中的随机误差对决策单元效率水平的影响，更加真实可靠地反映决策单元在评价期间的效率状况（季凯文、孔凡斌，2014）。Fried 等（2002）提出的效率测度模型具体包括如下三个阶段：

第一阶段，使用原始投入产出数据进行初始效率评价。DEA 模型分为投入导向和产出导向。具体应用中，研究者可根据分析目的选择不同的导向。本书采用 Banker 等（1984）提出的投入导向 BCC-DEA模型，基于规模报酬可变假设，考察决策单元效率情况，所测算出的综合技术效率（TE）可分解为纯技术效率（PTE）和规模效率（SE）的乘积。对于任一决策单元，投入导向下对偶形式的 BCC-DEA 模型可表示为：

$$\min\theta - \varepsilon(\hat{e}^T S^- + e^T S^+)$$

$$s.\ t.\ \begin{cases} \displaystyle\sum_{j=1}^{n} X_j\lambda_j + S^- = \theta X_0 \\[2mm] \displaystyle\sum_{j=1}^{n} Y_j\lambda_j + S^+ = Y_0 \\[2mm] \lambda_j \geqslant 0,\ S^-,\ S^+ \geqslant 0 \end{cases} \qquad (式6-1)$$

其中, $j = 1$, 2, $\cdots$, n 表示决策单元, X, Y 分别是投入、产出向量。

若 $\theta = 1$, $S^+ = S^- = 0$, 则决策单元 DEA 有效; 若 $\theta = 1$, $S^+ \neq 0$, 或 $S^- \neq 0$ 则决策单元弱 DEA 有效; 若 $\theta < 1$, 则决策单元非 DEA 有效。Fried（2002）认为, 管理无效率、环境因素和统计噪声的影响会对决策单元的绩效产生影响, 所以有必要分离管理无效率、环境因素和统计噪声分别带来的影响, 才能获得真实的技术效率值。

第二阶段, 应用 SFA 方法剔除环境因素和随机误差的影响。本阶段, 主要通过松弛变量来分离第一阶段中提到的三种影响。因此, 需选取合理的环境变量作为解释变量, 对第一阶段传统模型分析得到的 n 个决策单元的 m 个投入变量的冗余变量（理想投入量与实际投入量之差）（季凯文、孔凡斌, 2014）, 构建如下 SFA 回归函数:

$$S_{ni} = f(Z_i;\ \beta_n) + v_{ni} + \mu_{ni};\ i = 1,\ 2,\ \cdots,\ I;\ n = 1,\ 2,\ \cdots,\ N$$

$$(式6-2)$$

其中, S_{ni} 是第 i 个决策单元第 n 项投入的冗余值; Z_i 是环境变量, β_n 是环境变量的系数; $v_{ni} + \mu_{ni}$ 是混合误差项, v_{ni} 表示随机干扰, μ_{ni} 表示管理无效率。其中, $v \sim N(0,\ \sigma_v^2)$ 是随机误差项, 表示随机干扰因素对投入冗余变量的影响; μ 是管理无效率, 表示管理因素对投入冗余变量的影响（吴振华、雷琳，2018），假设其服从在零点截断的正态分布 $\mu \sim N^+(0, \sigma_u^2)$。依据（式6-2）回归结果对投入变量进行调整。调整公式如下：

$$X_{ni}^A = X_{ni} + [\max(f(Z_i; \beta_n)) - f(Z_i; \beta_n)] +$$

$$[\max(V_{ni}) - v_{ni}] \quad i = 1, 2, \cdots, I; \ n = 1, 2, \cdots, N$$

（式6-3）

其中，X_{ni}^A 是调整后的投入；X_{ni} 是调整前的投入；$[\max(f(Z_i; \widehat{\beta_n})) - f(Z_i; \widehat{\beta_n})]$ 是对外部环境因素进行调整；$[\max(v_{ni}) - v_{ni}]$ 是将所有决策单元置于相同环境条件下，同时剔除随机误差干扰的影响，从而测算出剔除环境因素、随机误差影响的实际投入值（季凯文、孔凡斌，2014）。分离管理无效率项 μ，得到下式：

$$E(\mu \mid \varepsilon) = \sigma_* \left[\frac{\phi(\lambda \frac{\varepsilon}{\sigma})}{\Phi(\frac{\lambda \varepsilon}{\sigma})} + \frac{\lambda \varepsilon}{\sigma} \right] \quad （式6-4）$$

其中，$\sigma_* = \dfrac{\sigma_\mu \sigma_v}{\sigma}$，$\sigma = \sqrt{\sigma_\mu^2 + \sigma_v^2}$，$\lambda = \sigma_\mu / \sigma_v$。随机误差项 μ 计算公式如下：

$$E[v_{ni} \mid v_{ni} + \mu_{ni}] = s_{ni} - f(z_i; \beta_n) - E[u_{ni} \mid v_{ni} + \mu_{ni}]$$

（式6-5）

第三阶段，对调整后的投入产出变量进行 DEA 分析。本阶段根据（式6-3）调整投入冗余变量。运用调整后的投入产出变量再次通过 BCC-DEA 模型测算各决策单元的效率，由此得到的各决策单元效率值即为剔除了环境因素、随机误差影响的效率值（季凯文、孔凡斌，2014）。因此，真实效率值计算如下：

$$X_{ni}^A = X_{ni} + \{\max[f(Z_i; \hat{\beta}_n)] - f(Z_i; \hat{\beta}_n)\} +$$

$$[\max(v_{ni}) - v_{ni}] \quad i = 1, 2, \cdots, I; \quad n = 1, 2, \cdots, N$$

（式6-6）

6.2 变量选取与描述性分析

6.2.1 变量选取

投入—产出变量。首先，本书选取成都市辖区内各地通过"农贷通"平台实际发放贷款的笔数作为产出变量，以此反映"农贷通"平台运行的输出效果和对农户"融资难"问题的缓解情况；其次，采用平台入驻金融机构数量、村级金融服务站数量、贷款发放审核时间三个变量作为投入指标，来体现在"农贷通"平台整个运行过程中供、需双方的投入成本。

环境变量。基于成都市"农贷通"互联网金融平台的特点，并借鉴国内外学者对农村数字金融的研究以及平台工作人员和应用主体的工作经验探讨，本书选取以下四个变量作为环境变量。

农业产值。一个地区 GDP 产值与金融业的发展密切相关。高水平的宏观经济水平带来的是对金融业需求的高要求和多元化。农业作为宏观经济的重要组成部分，其发展亦与农村金融，尤其是支农惠农信贷发展息息相关。本书中，"农贷通"平台主要用来解决农业农村面临的"融资难、融资贵"和金融机构"贷款难、贷款成本高"以及农村金融服务"最后一公里"问题，所以农业产值大小直接影响到平台的应用和功能的发挥。基于此，本书选取各地区农业产值来衡量地区农村经济发展水平，以分析其对"农贷通"金融互联网服务平台运行产生的影响。

区域金融业增加值。各地区金融业产值大小反映了金融业发展水平，也刻画了当地金融服务需求以及金融市场的竞争活力。金融业发展水平越高，金融市场越开放，越容易产生新的金融业态，这也契合互联网金融业发展的需要。鉴于此，本书选取区域金融业增加值来反映地区金融业发展程度，以分析其对"农贷通"金融互联网服务平台运行产生的影响。

农业重点项目库数量。农业重点项目库的入库对象主要包括农业龙头企业、专业大户、家庭农场、农民专业合作社等农业经营主体中发展良好的项目。这些项目可以在一定程度上反映地区农业集约化、产业化、现代化发展水平，直接引发了不同的金融需求，并决定了相应的金融服务层次。因此，本书选取农业重点项目库数量来刻画地区农业集约化和产业化发展水平，以分析其对"农贷通"金融数字服务平台运行产生的影响。

信用农户数量。信用信息体系一直是农村金融市场发展过程中欠缺的重要内容。针对经济发展较好的个体、村庄以及乡镇进行整体信用评级，将其评为信用户、信用村、信用镇是当前健全农村征信体系的主要手段，这些信用级别也是反映信用水平的重要指标。对整村以及整个乡镇进行评级，有助于构建农村金融生态圈，促进金融业良性发展。基于此，本书选取信用农户数量来衡量地区信用体系发展水平，以分析其对"农贷通"金融互联网服务平台运行产生的影响。

6.2.2 变量描述性分析

从"农贷通"平台在样本地区运行的基本情况看，各地区通过"农贷通"平台实际发放贷款笔数均值为 323 笔；入驻金融机构数量平均为 5 家，最多的地区有 11 家，最少的也有两家；村级金融服务站数量平均为 240 个，最多的地区达到 473 个，最少的地区也有 53 个；通过"农贷通"平台发放贷款的时间平均为 14 天，因信贷产品差异，最长放款时间为 24 天，最短放款时间为 3 天。

从区域环境变量情况看，地区农业产值平均为 28.98 亿元，最高为 58.7 亿元，最低为 4.35 亿元；区域金融业增加值平均为 19.17 亿元，最高达到 54.87 亿元，最低为 4.33 亿元；农业重点项目库数量平均为 66 个，最多的地区有 347 个，最少的地区也有 6 个；信用农户数量平均有 7 683 户，最多有 52 253 户，最少有 588 户。变量描述性统计如表 6-1 所示。

表 6-1   变量的定义与统计性描述

变量类型	变量名称	最小值	最大值	均值	标准差
产出变量	实际发放贷款笔数/笔	51.00	1 003.00	323.00	258.00
投入变量	平台入驻金融机构数量/个	2.00	11.00	5.00	3.00
	村级金融服务站数量/个	53.00	473.00	240.00	176.00
环境变量	贷款发放审核时间/天	3.00	24.00	14.00	10.00
	地区农业产值/亿元	4.35	58.70	28.98	13.66
	区域金融业增加值/亿元	4.33	54.87	19.17	12.39
	农业重点项目库数量/个	6.00	347.00	66.00	86.00
	信用农户数量/户	588.00	52 253.00	7 683.00	13 448.00

数据来源：根据成都"农贷通"大数据网站和统计年鉴整理所得。

6.3 "农贷通"平台运行效率测度分析

6.3.1 基于原始投入和产出数据的 BCC 模型估计

本书运用原始投入和产出数据，采用 DEAP2.1 软件包，对成都市"农贷通"平台的技术效率进行估计，结果如表 6-2 所示。由表 6-2 可知，在不考虑环境因素和随机误差影响的情况下，"农贷通"平台运行的综合技术效率均值为 0.667。这表明，平台运行的综合技术效率水平偏低，存在较大改进空间，且不同样本地区间差异显著。

表 6-2　第一阶段和第三阶段"农贷通"平台技术效率估计结果

各区市县	综合技术效率		纯技术效率		规模效率		规模报酬	
	调整前	调整后	调整前	调整后	调整前	调整后	调整前	调整后
温江区	1.000	1.000	1.000	1.000	1.000	1.000	不变	不变
新都区	0.635	0.706	0.815	0.966	0.778	0.731	递增	递增
双流区	0.809	0.704	1.000	0.957	0.809	0.736	递增	递增
郫都区	0.354	0.385	0.708	0.797	0.500	0.484	递增	递增
蒲江县	0.368	0.678	0.508	0.859	0.724	0.789	递增	递增
大邑县	0.653	1.000	1.000	1.000	0.653	1.000	递减	不变
金堂县	0.150	0.213	0.583	0.864	0.258	0.247	递增	递增
新津区	0.608	0.736	0.854	1.000	0.712	0.736	递增	递增
都江堰市	0.961	0.927	0.979	1.000	0.982	0.927	递减	递增
彭州市	0.773	0.860	1.000	1.000	0.773	0.86	递减	递减
邛崃市	0.355	0.455	0.540	0.690	0.658	0.659	递增	递增
崇州市	1.000	1.000	1.000	1.000	1.000	1.000	不变	不变
简阳市	1.000	1.000	1.000	1.000	1.000	1.000	不变	不变
均值	0.667	0.743	0.845	0.933	0.757	0.782	—	—

6.3.2　影响技术效率的环境变量分析及投入变量调整

本章以第一阶段传统 DEA 模型估计结果中各地区"农贷通"平台运行投入的冗余变量为被解释变量，以地区农业产值、区域金融业增加值、农业重点项目库数量、信用农户数量 4 个环境变量为解释变量，采用 Frontier4.1 软件，并结合上文基于随机前沿生产函数建立的多元线性回归模型，利用极大似然估计法，分别估计环境变量对平台入驻金融机构数量、村级金融服务站数量、贷款发放审核时间冗余变量的影响，其结果如表 6-3 所示。

由表 6-3 可知，地区农业产值、区域金融业增加值、农业重点项目库数量、信用农户数量对平台入驻金融机构数量冗余的影响在 1% 统计水平上显著；地区农业产值和信用农户数量对村级金融服务站数量冗余的影响分别在 5%、10% 统计水平上显著；地区农业产值、区域金融业增加值、农业重点项目库数量、信用农户数量对贷款发放审核时间冗余的影响分别在 5%、5%、1%、1% 统计水平上显著。三个回归模型的 −loglikehood 值在 1% 统计水平上显著；LR−test 值分别在 5%、5%、10% 统计水平上显著。以上数据表明，模型的环境变量选取得较为合理，即环境因素对各地区"农贷通"平台运行投入的冗余变量产生显著影响。因此，非常有必要运用 SFA 方法剔除环境因素的影响，进而对投入变量进行调整。

表6-3　第二阶段环境变量对投入冗余变量回归估计结果

	平台入驻金融机构数量冗余		村级金融服务站数量冗余		贷款发放审核时间冗余	
	估计系数	标准误	估计系数	标准误	估计系数	标准误
地区农业产值	−107.911 4***	2.385 6	−3.166 9**	1.045 4	−110.014 7**	24.128 9
区域金融业增加值	−67.881 1***	1.724 7	0.224 1	0.986 8	−66.822 4**	16.781 9
农业重点项目数量	−55.241 6***	1.275 7	−1.027 1	1.012 3	−60.742 4***	10.212 6
信用农户数量	137.178 7***	1.238 4	2.535 7*	1.015 3	120.989 3***	11.810 3
截距项	52.704 6***	4.703 3	0.677 6	1.085 6	59.501 9	8.360 0
−loglikelihood	68.067 1***		28.150 1***		67.989 2***	
LR 值	9.013 3**		9.078 2**		8.224 3*	

注：①***、**和*分别代表在1%、5%和10%统计水平上显著；②本阶段回归中，对环境指标采取了标准化处理，因部分系数较小，本表中保留四位小数。

6.3.3　对投入进行调整后的 BCC 模型分析

本章使用第二阶段剔除环境因素、随机误差影响所得的投入数据，对"农贷通"平台投入进行调整后的 BCC-DEA 模型进行估计分析，得出各样本真实的综合技术效率值。为了便于对比分析，本书将第一、第三阶段的效率值均列表6-2中。

1. 总体效率分析

综合技术效率方面。通过对比第一、第三阶段估计结果可知，剔除环境因素和随机误差的影响后，"农贷通"平台运行的综合技术效率均值由调整前的 0.667 上升至调整后的 0.743，其上调幅度为 11.39%。分地区看，剔除环境因素和随机误差的影响后，除温江区、崇州市、简阳市外，其他样本地区"农贷通"平台运行的综合技术效率均有一定幅度的调整。具体表现为：新都区、郫都区、蒲江县、大邑县、金堂县、新津区、彭州市、邛崃市"农贷通"平台运行的综合技术效率均有所上调，其中上调幅度排在前三位的样本地区为蒲江县、大邑县、金堂县，其值分别为84.24%、53.14%、42.00%；双流区、都江堰市"农贷通"平台运行的综合技术效率均有所下降，下降幅度分别为12.98%、3.54%。

纯技术效率方面。通过对比第一、第三阶段估计结果可知，剔除环境因素和随机误差的影响后，"农贷通"平台运行的纯技术效率均值由调整前的0.845上升至调整后的0.933，其上调幅度为10.41%。分地区看，剔除环境因素和随机误差的影响后，"农贷通"平台在双流区的纯技术效率值有所下降；"农贷通"平台在温江区、大邑县、彭州市、崇州市、简阳市运行的纯技术效率值不变；"农贷通"平台在新都区、郫都区、浦江县、金堂县、新津区、都江堰市、邛崃市运行的纯技术效率值均有所上调。其中，"农贷通"平台在浦江县、金堂县、邛崃市三个样本区运行的纯技术效率值上调幅度依次排在前三位，其值分别为69.09%、48.20%、27.78%。

规模效率方面。通过对比第一、第三阶段估计结果可知，剔除环境因素和随机误差的影响后，"农贷通"平台运行的规模效率均值由调整前的0.757上升至调整后的0.782，其上调幅度为3.30%。分地区看，剔除环境因素和随机误差的影响后，"农贷通"平台在新都区、双流区、郫都区、金堂县、都江堰市运行的规模效率值均有所下降，但幅度不大；"农贷通"平台在温江区、大邑县、彭州市、崇州市、简阳市运行的规模效率值不变；"农贷通"平台在新都区、蒲江县、大邑县、新津区、彭州市、邛崃市运行的规模效率值均有所上调，其中上调幅度最大的是大邑县，上调幅度为53.14%。

上述分析综合表明，首先，随机误差和环境因素是引发规模效率水平偏低的主要原因，也是造成"农贷通"平台运行综合技术效率水平偏低的重要原因；其次，从纯技术效率角度看，随机误差和环境因素的影响不是造成纯技术效率不高的主要原因，且目前"农贷通"在成都市的整体运行比较有效；最后，从郫都区、金堂县、邛崃市这三个综合技术效率值低于均值的地区看，尽管剔除环境因素和随机误差的影响后，这三个地区的纯技术效率值上调幅度较大，但其规模效率水平较低，导致这三个地区整体的综合技术效率水平偏低。

2. 规模报酬分析

通过对比第一、第三阶段估计结果可知，剔除环境因素和随机误差的影响后，"农贷通"平台在温江区、崇州市、简阳市的运行均呈现规模报酬不变趋势；在新都区、双流区、郫都区、蒲江县、金堂县、新津区、邛崃市均呈现规模报酬递增趋势；在大邑县由递减调整为不变；在都江堰市由递减调整为递增；彭州市在调整前后均呈现规模报酬递减趋势。这表明：首先，不同地区对"农贷通"平台的推广应用和重视程度不同，导致各地区通过平台发放贷款形成的规模效应呈现出显著的差异性；其次，"农贷通"在大多数样本地区呈现规模递增趋势，这表明"农贷通"平台目前存在金融要素投入不足问题，"农贷通"的推广应用仍需要更长时间宣传到更大范围，从而提高平台发放贷款的规模效应，改善综合技术效率水平；再次，个别地区如彭州市，"农贷通"平台发放贷款呈现出规模递减趋势，说明其在管理中存在过量投入金融资源要素的问题；最后，对于调整前后规模报酬趋势不变的地区，"农贷通"目前运行良好。

6.4 "农贷通"平台运行效率提升路径分析

综合考虑上述"农贷通"平台效率值计算结果及其在不同地区运行的差异性，本部分根据调整后的纯技术效率和规模效率均值水平①，将现有样本地区划分成"双高型"（纯技术效率与规模效率均高于均值）、"高低型"（纯技术效率高于均值，规模效率低于均值）、"低高型"（纯技术效率低于均值，规模效率高于均值）、"双低型"（纯技术效率低于均值，规模效率低于均值）四类，其分布情况如表6-4所示。

表6-4　四类地区的分布情况

所属类型	划分标准	分类标准
纯技术效率与 规模效率"双高"型	0.933≤纯技术效率<1	温江区、崇州市、简阳市、都江堰市、大邑县、彭州市
	0.782≤规模效率<1	
纯技术效率与 规模效率"高低"型	0.933≤纯技术效率<1	新津区
	0≤规模效率<0.782	
纯技术效率与 规模效率"低高"型	0≤纯技术效率<0.933	蒲江县
	0.782≤规模效率<1	
纯技术效率与 规模效率"双低"型	0≤纯技术效率<0.933	金堂县、邛崃市、新都区、郫都区、双流区
	0≤规模效率<0.782	

第一种类型为纯技术效率与规模效率"双高"型，包括温江区、

---

① 纯技术效率均值为 0.933，规模效率均值为 0.782。

崇州市、简阳市、都江堰市、大邑县、彭州市，属于较为理想的类型。

第二种类型为纯技术效率与规模效率"高低"型，仅包括新津区，表明加强"农贷通"平台的宣传，扩大平台的应用范围，提升规模效应是新津区提高"农贷通"平台综合技术效率的重要改进方向。

第三种类型为纯技术效率与规模效率"低高"型，包括蒲江县，其规模效率较高，表明优化"农贷通"平台自身的管理方式和资源投入数量进而提升纯技术效率是蒲江县提高"农贷通"平台综合技术效率的重要方向。

第四种类型为纯技术效率与规模效率"双低"型，包括金堂县、邛崃市、新都区、郫都区、双流区5个地区。这一类型的地区需同时提升其内部资源配置水平与运营能力并扩大规模效应，效率改进难度较大。

6.5　本章小结

本章在构建平台运行效率评价指标体系的基础上，采用三阶段DEA方法对"农贷通"平台的运行效率进行系统评价，形成以下结论：

一是从"农贷通"平台在样本地区运行的整体效率看，技术层面上，目前"农贷通"在成都市的整体运行是比较有效；随机误差和环境因素是引发规模效率水平偏低的主要原因，也是造成"农贷通"平台运行综合技术效率水平偏低的重要原因;"农贷通"互联网金融平台综合技术效率均值为 0.667,综合技术效率水平偏低,存在较大改进空间,且不同样本地区间差异显著。

二是从调整前后规模报酬变动情况看,不同地区对于"农贷通"平台的推广应用和重视程度不同,导致各地区通过平台发放贷款形成的规模效应呈现出显著的差异性;"农贷通"在大多数地区的应用中存在金融要素投入不足问题,其推广仍需要更长时间宣传到更大范围,进而发挥平台发放贷款的规模效应。

三是从样本地区在"双高型""高低型""低高型""双低型"四种类型的分布情况看,不同地区在下一阶段运行"农贷通"平台的过程中需要采取差异化策略进行改进。

7 政府主导型农村数字金融
服务模式的运行风险及监管

7.1 风险及特征

数字金融风险具有双重性。具体而言，一方面，新技术的引入有助于提高既有大数据技术的分析能力，有效缓解金融市场中的信息不对称问题，增强金融机构和组织的风险管理能力，提高金融风险管理的有效性；另一方面，数字金融只能通过增加信息透明度，提高金融机构的风险识别和管理能力，本质上是转移风险，不是消除或者减少风险，特殊情况下新技术的引入还会引发新的金融风险（卫晓锋，2019；邹静、张宇，2021）。例如，数字技术可能会存在信息泄露、身份识别、金融基础设施以及潜在的操作风险（Ciborra，2006）。同时，由于缺乏相关的法律法规，平台尚未形成有效的消费者权益机制，也会带来新的权益损失风险（黄益平、陶坤玉，2019）。例如，平台对投资者的权益保护不足，平台企业则有可能卷跑资金，并引发违约风险以及系统性金融风险（卫晓锋，2019）。笔者将从数字技术层面、融资业务层面、金融行业层面以及政策与法律层面分别阐述平台风险。

189

7.1.1 技术层面风险

1. 网络安全风险

农村数字金融服务平台的发展主要依托于互联网技术。以融资业务为例，从申请到最终放款的过程，需要监督的大部分流程都在线上进行（耿蔓一，2017）。一方面，网络的运用虽能简化业务流程并提升放款效率，但网络安全稳定性低也会增加数字金融融资业务的风险。农村数字金融服务平台的业务在农村地区的开展主要依靠位于基层的村级服务站或村级代理人的推广（何平鸽、易法敏，2018）。一旦其发展所依赖的网络出现一个小漏洞，便会受到趁虚而入的黑客及病毒的攻击，导致服务器被黑客或病毒渗透，并借助信息脉络迅速扩散，出现服务器无法正常运作的情况。由此造成灾难性的影响，致使众多贷款交易不能正常完成，从而造成严重的经济损失。另一方面，风险亦表现为客户信息数据泄露丢失问题（何平鸽、易法敏，2018）。众所周知，农村数字金融服务平台借助大数据库来对海量的碎片化信息进行收集和保存。如上所述的网络漏洞也会造成碎片化信息丢失、大数据遭到篡改等问题，严重影响农村数字金融服务平台对借款人的信用评估以及放款系统的正常运行，从而影响放款安全，导致大面积坏账（何平鸽、易法敏，2018）。此外，网络安全问题还会造成借款人个人信息的泄露，影响客户对农村数字金融服务平台的信任度。因此，网络安全问题的出现将对农村数字金融服务平台的运营造成致命打击。

2. 信息技术风险

如果说网络安全风险是由融资业务开展中外界农村数字金融服

务平台带来的风险，信息技术风险则是内生性问题，造成的结果与网络安全问题不尽相同。与传统金融机构开展的融资业务相比，农村数字金融服务平台要对信息技术风险进行更为全面的考虑，重视其对融资服务带来的特殊威胁（李尚远，2019）。信息技术风险产生的源头仍在于互联网金融业务的线上运行，线上信息的收集、风险的评估、资金的发放、后期的跟踪与回收均需要依靠强大的信息系统作为支撑（赵刚，2015；何平鸽、易法敏，2018）。相较于线下融资模式，书面化的业务资料改为线上电子存库，所以信息无可避免会被存放在互联网云端。因此，农村数字金融服务平台需要具备安全性能极强的防火墙设置，这对信息技术的要求极高，一旦信息技术部门出现问题，客户的私密信息被暴露和篡改的可能性将大大增加，从而影响整个业务的开展。

7.1.2 业务层面风险

1. 信用风险

农村地区的征信难度大是许多正规金融机构业务规避的主要原因。虽然农村数字金融服务平台具有先进的技术水平作为信用评估的支撑，但相较于城市而言，农村地区网络社交信息的流量小，收集难度较大，并不能完全消除信息不对称的影响（赵刚，2015）。相比于传统金融机构对抵押物及担保人的偏好，农村数字金融服务平台在融资过程中充当隐性担保人的角色，其融资产品具有信用贷款的性质，这使得其仍面临一定的信用风险（赵刚，2015；何平鸽、易法敏，2018；李尚远，2019）。另外，作为在缺乏农村金融机构背景下的互补产物，农村数字金融服务平台融资业务的客户更多是家庭农场主、专业合作社、传统小农户。这些金融消费者往往缺乏足够的抵押物、生产投入资金需求大、资金需求时间短，且没有相关的征信数据信息。因此，传统金融机构为了控制风险，对其采用部分授信或者将其完全排斥在金融服务之外。而数字金融提供了较低的服务门槛，交易成本也更低。这些经营主体转而向数字金融服务平台融资。但这也加剧了平台的信用风险。

2. 操作风险

操作风险指信贷员的操作失误给交易双方造成损失（赵刚，2015；何平鸽、易法敏，2018；李尚远，2019）。考虑到对信贷环境的熟悉程度，农村数字金融服务平台业务的金融联络服务专员多为相关部门从当地村民中选拔而来。相较于银行专业的人才队伍，村级金融联络服务专员在专业素质、教育水平、金融素养、业务监管能力等方面表现得相对较差，可能会为业务操作带来潜在的风险。此外，新技术的不断更新以及人员系统性培训跟不上，也会引发潜在的操作风险。

7.1.3 行业层面的垄断性风险与系统性风险

1. 垄断风险

用户的金融数据是数字金融服务提供者的关键性资产与资源，因为其拥有独占权。不同的数字金融服务提供者通过持续性的线下和线上服务供给，搜集海量的用户信息。为了扩大自身的市场份额，大多数数字金融服务提供者只允许消费者或者投资者用户在自己的平台上进行转账、交易，限制跨平台交易。较大的平台就会由于"网络效应"而拥有较强的竞争优势，小平台的发展空间就会被大平台挤占，从而导致垄断和市场的低效率运行，同时也会给用户造成不便，增加其使用成本，降低平台的灵活性（叶凡，2020）。

2. 系统性风险

数字金融依据其"低成本、覆盖面广、跨越空间"等优势，迅速占领了普惠金融市场。与此同时，金融监管机构却尚未形成有效的数字金融监管体系，无法将数字金融的风险纳入整个金融市场系统性风险的审慎监管框架，导致信用过度扩张。一旦资金流动性受阻，极可能导致系统性金融风险发生。

7.1.4 政策与法律层面风险

法律风险发生于行业规定模糊，相关法律缺失的情境中。数字金融因发展迅速，摆脱了对实体金融设施的依赖，这使得传统的对金融机构的监管方式无法适用于数字金融服务提供商（叶凡，2020）。目前，有关部门尚未制定专门的法律法规来对数字金融业务开展专项监管。在实践中，现下监管机构暂时采用传统监管的做法，即通过监管开展数字金融业务的金融机构和组织来进行监管。然而，大多数数字金融服务平台提供综合性的金融服务。同一家平台开展投资、网贷、保险等不同业务的现象非常普遍，现下针对金融机构和组织的监管方式很难对当前的综合服务业务进行有效监管。而农村地区作为数字金融发展的重点区域，目前尚缺乏政府的规范及引导。数字金融业务在农村地区的经营与发展存在一定的扩张性和盲目性，这也将进一步加剧金融风险。

7.2 风险评价

数字金融涉及的风险种类繁多，涵盖操作风险、技术风险、信用风险、业务运营风险、法律风险以及其他风险等诸多风险（赵刚，2015）。目前，国内外学者对如何评估数字金融风险的研究尚处于起步阶段。本书立足数字金融行业，对相关风险评估方法进行系统介绍。

7.2.1 定性风险评估方法

定性风险评估是指通过识别风险所产生的影响和可能性因素，来确定互联网金融风险的影响，主要以描述性文字为主，现实中使用较多的有专家访谈法、问卷调查法和集体讨论法三种（赵刚，2015）。其中，专家访谈法是指对行业内专家进行访谈并记录，在识别风险的基础上，对各个风险发生的概率、可能性及影响做出一定的评估，然后再对风险水平做一个整体的评估。该方法操作简单，但评价结果也相对主观，且对专家的专业水平要求较高。问卷调查法指的是对行业内企业或机构的从业人员以发放问卷的形式进行风险评估调查。该方法更直观，可以直接确定风险问题，但对问卷的设计要求较高，要求不同层次的受访人员需要回答不一样的问题，以真实反映风险状况，且评价结果受个体主观认知的影响较大。集体讨论法是指由行业内的专家以召开研讨会等形式进行集体讨论，形成评价定性结果。该方法的难度在于需要较多的权威专家和组织领导、核心管理人员等共同参与讨论。但讨论过程中也可能存在问题未真实表达的情况。

7.2.2　定量风险评估方法

定量风险评估方法指的是分析来源数据，如行业数据、市场数据和历史记录等，模拟事件结果或按历史经验、数据估计和推断风险，对风险进行评估。目前主要有决策树分析法、敏感性分析方法和计算机模拟方法（如蒙特卡洛模拟法）等（赵刚，2015）。

决策树分析法是指首先利用图解的形式，将风险的各个因素进行层层分解，进而绘制出一个树状图，并逐项计算出各个风险因素的概率和期望值，再进行风险的评估和方案的进一步比较和选择。该方法要求先求出所有风险和所有概率组合下的目标变量的期望值，然后再画分布图，随着风险因素数量和变化的增多，计算量也随之变大，这就要求在计算的过程中要保证有足够多的有效数据。利用这种方法，同一目标的不同风险因素的概率就很清楚了，并且层次清晰，这种方法对多阶段情形下的风险能够进行较好的评估（赵刚，2015）。一般情况下，这种方法的工作量十分大，对没有客观数据支撑的风险不能够很好地评估。

敏感性分析方法指的是评估某一个（或几个）特定的风险因素变化，在假定其他风险因素不变的情况下，对项目目标变量的影响程度，通过确认该因素的临界值和变动幅度，计算出敏感系数，然后再对各个风险因素进行敏感性排序，以供决策者参考（赵刚，2015）。这种方法在可行性研究阶段使用得比较多，因为可以发现重要的风险因素，但是这种方法只能反映出风险的强度，而不能反映风险发生的概率，也不能很好地评估含多种影响因素的风险。

蒙特卡洛模拟法是一种随机模拟的方法。这种方法可以用来评估风险发生的原因、发生的概率和造成的损失等变量的概率分布（赵刚，2015）。这种评估方法准确性和效率都较高，能够有效处理大幅波动的不确定性和多因素非线性问题，而且还可利用概率分布的形式表示这种不确定性，但是由于蒙特卡洛模拟法是一个随机模拟的过程，其对风险因素之间的相互关系就不能进行很好地反映，可能会造成分析错误。

7.2.3 综合风险评估方法

通过对以上风险评估方法的分析可知，单一的风险评价方法存在优势也有不足。对于数字金融这种涉及指标和业务众多的服务模式，其风险也复杂多变，只有对其进行全面合理的了解之后，才能进行正确的风险评估。在综合风险评估方法中，我们常用的有模糊层次分析法，该方法结合了模糊数学理论和层次分析法，能够把复杂问题分解成不同因素的组合，通过构建指标评估体系，对不同因素因子进行两两比较，并结合专家建议和判断对不同因素因子的重要性进行排序，形成矩阵。该方法的另一个好处是结合了模糊数学理论。这种理论将绝对的判断转化为不同元素对同一集合的不同隶属关系，这一优势与数字金融风险的评估有较高的契合度，可以运用（赵刚，2015）。模糊层次分析法在评估风险时，主要有四个过程，分别为构建风险因素的层次模型、确定风险因素值的权重、求解模糊矩阵、得出整体风险值。

7.2.4　风险评价及管理应用

基于前述风险分析可知，"农贷通"平台涉及多元风险。具体而言，有技术层面、业务层面、行业层面以及宏观的法律与政策层面等多层次风险。因此，针对"农贷通"平台的评价需要减少多层次的系统性风险评价，采用综合风险评价方法才能实现准确有效的评价。受限于平台相关数据的可得性，本书不开展风险评价分析。

从目前"农贷通"平台的风险管理看，平台整合了各类担保基金，建立了贷款风险分担机制。市级担保公司综合采取注资、联合担保、再担保等手段增强区（市）县担保公司的担保能力。整合设立了"农贷通"风险基金，合理确定了银行、保险公司、担保公司、风险基金的风险分担比例，制定完善了风险基金管理办法，明确了风险责任分担机制，在确定"农贷通"平台信贷损失分担比例的基础上，简化操作手续，实行信贷风险的及时按约定分担。委托农村产权收储机构管理"农贷通"风险基金，加强同各类资产管理公司的合作，开展农村产权和农村债权的收购处置工作。另外，针对"农贷通"平台业务经营中的风险，成都市政府利用财政拨款，为平台运营提供了 600 万元的风险基金。入驻"农贷通"平台的金融机构通过平台完成的贷款一旦发生坏账现象，风险基金将按照规定给予受损机构一定比例的补偿。

7.3 风险监管

7.3.1 监管必要性

1. 监管与行业发展速度不匹配

根据《中国农村电子商务发展报告（2017—2018）》，2017 年我国农村网店达到 985.6 万家，较 2016 年增长 20.7%；2017 年全国农村网络零售额达 12 448.8 亿元人民币，同比增长 39.1%[①]。由此可知，数字金融在农村发展迅速，但目前配套的监管制度与体系尚不能与农村数字金融的发展速度相匹配。

2. 数字金融行业乱象频发

随着经济的快速发展，农村居民的收入不断提高，对理财的偏好与需求逐渐凸显。但大部分农村居民的文化水平较低，且缺乏基本的金融常识、风险意识以及投资渠道。部分调查结果显示，54%的农村家庭目前没有进行过理财规划，在投资过程中，只有 20%的人会咨询专业机构或理财人员，但其对于金融机构或理财人士的执业资格没有自己的判断，盲目地相信虚假宣传；44%的农村家庭在投资过程中会选择收益高的理财产品而不衡量产品本身的风险。农村居民缺乏专业的金融知识且金融素养较低，容易给非法机构提供"诈骗"或者"非法集资"的可乘之机，这将给农村居民造成损失。近几年数字金融企业频繁出现"跑路"现象，给很多农村投资者造成了巨大的损失，亟须监管部门加大对农村数字金融的监管、整治力度。

---

① 数据源引自 https://www.docin.com/p-2147212018.html。

3. 行业规范与法律体系尚不完善

近几年，农村数字金融发展迅速。据统计，截至 2015 年年底，专注农村数字金融的平台大约有 15 家。到 2016 年，据第三方机构的数据，业务范围包括"三农"业务的 P2P 融资平台达到 335 家，而专注"三农"领域的 P2P 融资平台有 29 家①。目前，我国尚未制定专门用于规范互联网信息披露的法律法规。数字金融行业监管难度较大，监管力度也相对较弱。而农村地区的投资者因金融风险意识薄弱、金融素养较低，其投资权益更容易遭受损害。

4. 农村信用体系尚不完善

首先，我国的征信体系尚不完善。信用信息市场分割、"数据孤岛"的现象较为普遍，农村地区更为突出。尽管数字技术在农村地区的应用与渗透较快，但整体来看，农村地区的数字技术基础仍然较为薄弱。很多偏远农村地区仍然缺乏基本的通信设备。还有很多的农村居民被排斥在数字技术之外。即使有数字基础设施供应，受限于较低的教育水平和数字素养，很多农村居民存在较大的"数字使用鸿沟"。针对这部分群体，想要利用大数据来构建征信体系还存在一定的技术难度。其次，当前留守在农村地区的大部分群体为老弱妇幼。这部分群体在数字技术使用上也存在较为明显的"数字使用鸿沟"。针对这部分群体进行征信数据收集也存在较大的难度。再次，采用线下挨户走访进行信息搜集的成本较大。此外，传统的农村金融市场分割较为严重，金融机构的征信信息基本各自为政，也很难实现信息共享。整体而言，近几十年来农村地区的信用体系建

---

① 数据来源：中国社科院财经研究院《"三农"互联网金融蓝皮书：中国"三农"互联网金融发展报告（2017）》。

设进展较为缓慢。

5. 新的服务模式存在交叉监管漏洞

数字金融平台多为混业经营。既有的相关法律法规很难对全部数字金融活动进行有效监测。因此，这就容易造成监管漏洞，潜藏风险。

6. 新技术带来新问题

农村数字金融要依托于信息技术的软硬件装备，对数字技术的依赖性强。而数字技术运用中存在的系统漏洞、计算机病毒、黑客入侵、信息泄露等问题也会影响农村数字金融的安全，可能会引发重大经济损失。

7.3.2 监管目标

1. 保证数字金融的健康、可持续发展

数字金融本质上仍属于金融。目前，我国针对数字金融的立法还不够完善，数字金融机构的性质、形式、准入资格、风险承担尤其是处罚条例等亟待补充完善（程相宾，2018）。所以，制定和完善相关法律法规，加强数字金融监管，是促进数字金融健康、可持续发展的内在要求。此外，我国消费者缺乏金融专业知识，在互联网金融交易中相对处于劣势，经常面临金融诈骗的风险。为了保证数字金融的健康发展，需要提高消费者的自我保护意识，加大互联网金融机构的信息披露力度，在行业内外形成多重监督，同时要加强数字技术的安全性，设立专门的数字金融消费者保护机构，也可充分利用消费者的投诉和反馈来发现监管漏洞，确保我国数字监管机制的进一步完善，促进数字金融的健康发展（程相宾，2018）。

2. 促进数字金融的创新发展，保持行业生命力

数字金融是新生事物和新兴业态。与传统金融相比，数字金融在服务对象、销售渠道、担保体系、经营理念等方面都有所创新，实现了金融产品创新和金融业务流程创新，以及金融服务理念、金融营利模式、金融运营方法的创新。因此，为了保证数字金融的创新发展，金融机构内部治理和组织结构也需要随着变化发生变革。传统金融机构的垂直管理模式，将会被新的、网络化的、扁平的管理模式所代替。

3. 维护金融市场的稳定

数字金融是依托线下平台开展的线上金融服务，所以其应当依据传统金融行业的法规与行业准则开展工作，从而使该行业的运行规则不被破坏（黄涛，2018）。只有在健康、安全的网络环境下，一切基于信用的金融交易才能顺利进行。因此，加强对数字金融的监管是保证数字金融交易安全有效进行的重要前提和保证。在我国农村地区，数字金融发展较为缓慢，农村居民的金融意识不足。大多数农村居民的受教育程度低，缺乏经济意识与风险防范意识，且金融基础知识薄弱。因此，他们在交易中面临风险的概率也相对较高。加强对农村地区的互联网金融监管可以为农村地区提供一个相对稳定的数字金融交易环境。

4. 促进经济增长，实现资本升值

金融行业的本质是将散存于社会的资源集中到金融机构手中，并通过金融机构的管理使这部分资源与社会需求相对接从而实现资本升值、各方获利（黄涛，2018）。数字金融通过互联网平台调节资源配置，其根本目的也是投资者实现资本升值。在这种条件之下，

只有在安全稳定的互联网交易环境中金融机构才能获得投资者的信任，从而集中更多的资源，更好地实现经济的增长，所以加强数字金融的监管也是实现经济增长、资本升值的保证。

5. 带动行业自律

在传统的金融行业内，占据主导地位的国有银行与监管部门的融合程度较高，但由于多数的数字金融机构来源于社会投资，其与政府之间难以建立类似于国有银行的管理秩序（黄涛，2018）。而在市场化环境下，行业标准往往会对企业产生较大的约束力。因此，政府只有鼓励行业的自律监管，设立数字金融的行业自律机制，充分发挥行业的自觉作用，才能够填补在立法修法过程中的空白，引导行业健康发展，营造良好的市场环境和经营秩序（程相宾，2018）。

6. 促进普惠金融的发展

在农村地区，互联网金融可以节约金融成本，提高运作效率。它可以减少线下金融人员的数量以及设备的投入支出，这在一定程度上可以降低经营成本，线上操作便捷、迅速的优点又可以大大提高服务效率，对农村普惠金融的发展具有深刻意义。所以，加强互联网监管可以更好地为普惠金融在农村地区的发展提供政策保障。

7. 促进数字金融产品的差异化和服务的个性化

相较于城市地区金融市场，农村金融市场还有较大的发展和改善空间。而数字金融的发展为满足农村居民对金融服务的差异化需求提供了良好的技术和平台条件。

7.3.3 监管对策

目前，数字金融监管体系主要由 2013 年 75 家数字金融机构审议通过的《互联网金融专业委员会章程》和《互联网金融自律公约》，以及之后出台的《关于促进互联网金融健康发展的指导意见》《互联网保险业务监管暂行办法》《非银行支付机构网络支付业务管理办法（征求意见稿）》《最高人民法院关于审理民间借贷案件适用法律若干问题的规定》《非存款类放贷组织条例（征求意见稿）》等法律法规（王楚智，2018；侯文飞，2018）构成。其中，数字金融机构通过的章程以及公约为建议型条款，并无强制性，而且内容相对简单，不够详细，对互联网金融机构以及参与人员的约束力有限。央行与人民法院出台的政策以及法律文件相对于互联网金融机构通过的章程以及公约而言更有约束力，内容也详细得多。以上条例主要是针对互联网金融中网络支付机构、网络保险以及民间借贷的，都未直接提及"互联网金融"。我国对于互联网金融的监管处于初始阶段，很多方面存在大量的空白。2018 年人民银行发布的《"十三五"现代金融体系规划》文件中，明确提到了"加强对互联网金融企业持牌监管"。目前，针对农村数字金融的监管体系尚未建立。因此，本书从如下五个方面提出监管对策。

一是构建网络安全监管体系，防范数字技术创新带来的风险。首先，重点防范数字技术创新带来的风险。数字技术是农村数字金融发展的关键。因此，对数字技术应用引发的风险进行防范是重点。其次，加强数字技术安全体系建设，建立以大数据为基础的风险防控体系和信息风险共享平台（张清，2020）。通过应用关键数据、信息技术优势，构建有效的风险预警体系。一旦发生风险，可以及时预警，以进行有效的风险管理。同时，还可通过信息风险共享平台对风险信息及时进行披露、示警，提高行业协同监管效率。再次，应用大数据构建数字金融信息安全风险应急体系，制定相应的风险处理应急预案，并开展常态化应急管理训练，提高相关工作人员和应急系统的整体应急反应效率（张清，2020）。此外，提高数字技术风险防控水平，定期进行杀毒检测、升级，及时防控黑客攻击，创新金融交易方式，防止信息篡改造成信息泄露等风险。最后，加强数字网络基础设施建设。完备的网络基础设施是帮助居民跨越"数字接入鸿沟"的前提。一方面，可加快推进数字乡村进程，通过试点工程为农村地区基础设施建设提供补贴、对新型科技公司适当减免税收、为 4G 和 5G 网络覆盖工程提供优惠条件，以改善数字金融相关企业的运营环境；另一方面，增加对数字技术硬件设施的开发力度，重视硬件设施后期的检测、升级、维护，提高硬件设施的使用效率（张清，2020）。

二是增加对金融消费者的法律保护，强化金融消费者的金融知识教育，提高其风险防范意识和能力。首先，完善消费者权益保护的法律法规，优化金融消费者权益保护环境。一方面，鼓励、倡导数字终端设备开发商针对特殊群体，尤其是农村地区的群体开发一些操作程序通俗易懂、界面清晰、信息准确安全的金融产品或服务，为消费者提供专业的操作指导服务，减少消费者因操作失误造成的风险；另一方面，建立金融消费者投诉机制、纠纷解决机制以及风险预警机制，做到及时提醒金融消费者可能存在的风险，解决金融消费者反馈的问题、存在的纠纷以及管理风险，切实保护其权益。

其次，增设金融知识教育讲座和培训项目，提高金融消费者的金融素养水平。一方面，针对普通群体就常见的金融基础知识、数字化知识、数字金融、金融风险等常规性知识开设讲座，采用"线上+线下"的方式，定期进行常识普及；另一方面，针对特殊群体，尤其是文化程度较低、金融素养水平偏低的群体，多进行金融知识教育并增设预警机制，增强其自我保护意识和维权意识，鼓励消费者采用法律手段解决金融纠纷，积极检举不法行为，维护自身的权益（张清，2020）。

三是创新数字金融监管模式，提高监管效率。数字金融已经超出了传统金融监管的领域。因此，需要探索创新监管模式，以适应数字金融的发展。例如，可探索"混业监管+行业自律"的监管模式。一个数字金融平台同时提供数字化支付、网贷、理财、保险、征信、数字货币等多种服务是常见的现象。以针对不同的业务进行监管替代传统的针对机构进行监管的方式可能更加有效。而针对多项业务同时进行监管就要求监管机构创新已有的监管模式。同时，需要强化监管机构的主体责任，以充分发挥各监管主体的功能。此外，监管部门还需加强与其他政府部门的协调，尤其是与公安部门、工商部门等职能部门的合作，寻求设立针对金融领域纠纷的仲裁机制，解决复杂金融纠纷事件，降低金融监管成本（张清，2020）。

四是构建多层次的数字金融风险监管体系，降低风险损失，维护良好的市场秩序。理论上，数字金融监管主体涉及政府、行业、市场以及企业。首先，"一委一行两会"作为政府的监管机构，需要针对新出现的多元化数字金融业态和服务模式，探索创新监管模式，以有效监管风险。其次，金融行业可通过组建行业协会等组织，培育行业长远发展意识，加强行业自律，增加行业内的沟通和协同合作，强化自身协调监管，最大限度预防系统性金融风险的发生。再次，完善金融市场的准入和退出机制，建立有效的信息披露机制，规范市场纪律，从源头上降低风险。最后，金融机构和组织是金融业的主要主体。其自身风险控制与管理是风险监管的重要内容。良好的风险管理有赖于企业的经营理念、风险管理意识、风险管理体系以及风险防范准则。因此，需要从前述内容加强企业自身的风险管理，维护好市场秩序。

五是建立健全信用体系，实现金融资源的精准匹配，减少错配风险。在中国人民银行既有的征信体系基础上，扩充征信数据来源，增建数据信息共享平台，利用大数据，搭建全方位的信用评价体系，提高金融消费者的精准画像水平，改善金融资源的匹配效率。

7.4　本章小结

本章主要介绍了政府主导型农村数字金融服务模式运行的风险、风险特征、风险评价方法以及监管的必要性、目标和对策。本书认为，政府主导型农村数字金融服务模式存在网络安全风险、信息技术风险、信用风险、操作风险、垄断风险、系统性风险以及政策与法律风险等多元风险，需要从多方面对其进行监管。

8 国外数字金融服务模式及经验借鉴

本章将介绍国外第三方支付和众筹两种数字金融服务模式的代表性模式的发展情况。其中，第三方支付平台以 PayPal 为例，众筹以 Kickstarter 模式为例。本章通过对这两类代表性模式进行系统介绍，总结其经验，为中国的数字金融服务模式发展提供参考依据。

8.1 第三方支付平台

8.1.1 PayPal 的基本情况

PayPal 由 Peter Thiel 和 Max Levchin 在 1998 年 12 月于美国圣荷赛联合创立，并在 2002 年成功上市。同年，eBay 花了 15 亿美元将其收购（许庆华，2015）。PayPal 的发展建立在 eBay 交易数据的基础之上。目前，PayPal 在全球范围内提供第三方支付服务。该平台服务范围超过 200 多个国家，注册的用户超过 2.54 亿，支持收款的币种超过 100 种，可同时支持多个国家的信用卡支付。PayPal 平台基于互联网来开展支付和结算业务（刘存丰，2018）。PayPal 平台支付安全、便捷，保护消费者权益，这是 PayPal 平台在跨国贸易中发展迅速和应用广泛的关键性竞争优势（郑浩等，2018）。PayPal 具体的运营模式如图 8-1 所示。

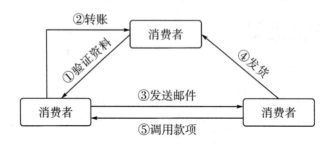

图 8-1　PayPal 的运营模式

8.1.2　PayPal 的特点

货币汇兑业务是 PayPal 平台各项业务中盈利水平最高的业务。由于用户通过 PayPal 账户充值资金可以享受购物打折的优惠，所以商家会尽量采用 PayPal 来进行收款，以获得返现收益（张宏博，2018）。这样平台就会积累大量的现金。这也为后续平台开展网络借贷业务奠定了资本金基础。PayPal 于 2017 年收购通过互联网为小企业提供贷款的 Swift Financial，并随之开展了网络借贷业务。针对平台的用户，PayPal 可给他们提供高达 50 万元的定期贷款（张宏博，2018）。

获得客户广泛认可的交易便利性与强风控能力是 PayPal 平台发展迅速的重要原因。PayPal 的交易方式是：买家通过 PayPal 直接将货款转入卖家账户，卖家甚至不需要发货，就可以提现约 80% 的货款。在这种交易条件之下，为了保证买家的利益，平台必须要有强大的风险控制能力。所以 PayPal 分别制定了"买方保护"方针和"卖方保护"方针，但以买方的权益保护为核心。

8.1.3 PayPal 的优势

资金转移方便快捷。不同于传统支付方式，PayPal 可直接通过互联网进行资金转移，且相较于使用传统的跨境汇款，PayPal 可以做到即时支付、即时到账（张宏博，2018）。最为关键的是，这些结算操作是免费的。资金周转更加方便快捷。

覆盖面广。PayPal 作为全球在线支付的代名词，几乎覆盖了国外 85% 的买家（张宏博，2018）。目前，该平台的服务范围超过 200 多个国家，注册的用户超过 2.54 亿，支持收款的币种超过 100 种，可同时支持多个国家的信用卡支付。

安全性强。使用五大国际信用卡的商家因欺诈所遭受的平均损失，是使用 PayPal 支付商家的 6 倍（张宏博，2018）。因此，使用 PayPal 平台进行支付结算，商家的资金安全能得到更多的保障。

设立账户冻结机制。在某些特殊情况下，用户的账户将会被 PayPal 冻结。账户被冻结之后，用户将不能进行转账、提现、退款等操作。具体而言，一般账户被冻结可能有三种情况：一是提现金额超过了 80%；二是卖家的客户投诉率超过 3%，退单率超过 1%，这个时候 PayPal 公司会与该卖家终止合作；三是商家的商品是仿品或假货，即涉嫌侵权（孙彦哲，2019）。

设立"保护买方"方针。虽然 PayPal 既有"保护买方"方针，也有"保护卖方"方针。但是，它更加倾向于保护买方。即只要平台认为买方有理，那么平台会全额退还除邮费以外其他所有的费用。这意味着 PayPal 会更多地维护买家利益，所以买家会得到最大限度的利益保护。

8.1.4　PayPal 的劣势

支付流程复杂，效率不高。PayPal 的支付流程是当消费者看中了网上的一种商品，直接采用 PayPal 进行线上转账付款给商家。当消费者拿到商品之后确认收货，这次交易才算完成；但如果消费者对商品不满意，就会要求商家退款。这一流程一般来说周期会比较长，也相对较为复杂，效率也会相对较低（张益群，2018）。

PayPal 的"保护买方"方针可能会给卖家带来利益损失。根据"保护买方"方针，如果买家在收货后对商品不满意，并且在一定时间内提出争议，PayPal 将对买卖双方进行证据调查和收集，买卖双方会被要求提供相应的证据，并由平台做出最终的判断（刘存丰，2018）。如果卖方被判断为需要承担责任的一方的话，卖方需要赔偿包括商品和原始运费在内的全部资金，以及 PayPal 向卖家收取的相关交易费用。所以，出口商如果利用 PayPal 来收取货款，在某些情况下，卖家甚至有可能没办法收到原来的商品，并且即使款项已经入账，卖房仍有可能会被 PayPal 追讨赔偿（刘存丰，2018）。

8.1.5　PayPal 运行存在的主要问题

目前由于政策原因，PayPal 在中国还没有取得人民币支付牌照。在我国的发展受到一定的限制。PayPal 公司也与上海网付易信息技术有限公司合作组建了 PayPal 贝宝，以发展中国地区的受理业务。但由于中国现行的外汇管制等政策因素，PayPal 贝宝仅可以在中国地区受理人民币业务。目前，在我国使用 PayPal 收款的是主要海淘商家和跨境交易商家（王聪，2017）。

PayPal 账户存在一定的法律风险。PayPal 公司尚未能获得中国第三方支付牌照，很多业务不受中国人民银行的监管。因此，很多 PayPal 用户在中国若是遭遇损失，很难通过法律进行维权。部分企业的退税也容易受到影响。

8.2　众筹

众筹，即大众筹资，是指企业通过平台用"团购+预购"的形式，向大众募集项目资金的模式。具体而言，众筹利用互联网和 SNS 传播的特性，让小企业、艺术家或个人向公众展示他们的创意，争取大众的关注和支持，进而获得所需要的资金援助。相对于传统的融资方式，以众筹方式进行项目筹集更为开放，能否获得利润也不再是项目商业价值的唯一标准。只要是网友喜欢的项目，都可以通过众筹方式获得项目启动的第一笔资金。这种筹资方式为更多小微企业经营或创作的人提供了发展契机。

众筹模式最普遍特点就是效率高、低门槛、受众广等（谢晗，2018）。它一般把参与主体分为三方：项目发起人、投资人以及众筹平台。众筹平台作为中介，为发起人提供寻求帮助的平台。图 8-2 展示了众筹平台的一般运营模式。

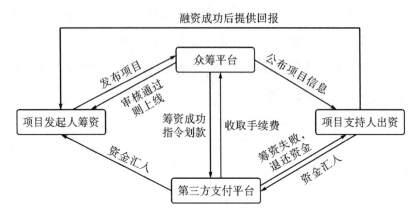

图 8-2　众筹平台的运营模式

8.2.1　Kickstarter 的基本介绍

Kickstarter 于 2009 年 4 月在美国纽约成立，是一个专为具有创意方案的企业筹资的众筹网站平台。2015 年 9 月 22 日的众筹网站 Kickstarter 日前宣布重新改组为"公益公司"。Kickstarter 致力于支持和激励创新性、创造性、创意性的活动，不追求公司出售或上市来获取盈利。Kickstarter 只是为"有创意、有想法，但缺乏资金"与"有资金，也愿意捐款支持好创意"的用户提供了一个公益性融资平台。平台为项目发起人与项目支持者搭建了联结的桥梁，并为双方都提供了服务（李鑫，2016）。网站的唯一收入来源是向筹集成功的项目收取募集资金的 5% 作为佣金。这笔资金将用于维持网站的运营。在 Kickstarter 的模式下，大众关心的、感兴趣的项目将会率先完成众筹；反之，则有可能因为没有达到项目方的预期要求而获得零收益。图 8-3 展示了 Kickstarter 的运营模式。

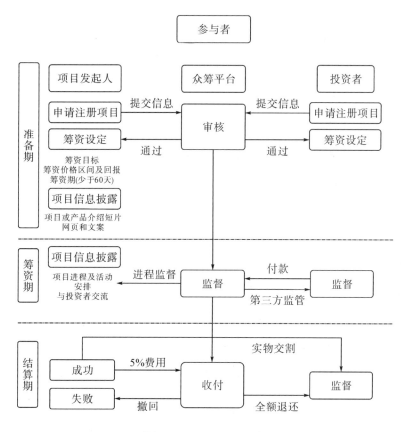

图 8-3 Kickstarter 平台

8.2.2 Kickstarter 的主要发展历程

Kickstarter 平台既是一个营利实体，又是一个公益企业。平台众筹自构建以来，带有极其浓郁的大众色彩。Kickstarter 刚刚成立的时候就受到了社会的广泛关注。项目发起人会主动通过各媒体对项目和产品进行宣传，这有利于其融资平台的构建，同时也能让更多的人了解平台。平台不再以股东价值最大化为唯一和最终的目的，平

213

台还会通过自身力量来创造公共利益。此外，Kickstarter 经营的准则还包括满足严格的环境和社会责任标准。Kickstarter 在公益方面做出了很多具体行动。

8.2.3 Kickstarter 的优势

首先，用户参与感强。Kickstarter 推出了讨论板块，以此更好地吸引两方用户，增强用户参与感。

其次，Kickstarter 设立了共享平台，增强了发起人之间的互动。针对项目发起人，平台在《项目发起人指南》里提供总体上的建议。另外，Kickstarter 还设立了"Campus"平台，项目发起人可以在上面分享各种各样的成功经验供用户参考。这种方式不仅增强了用户之间的互动，还可以提高项目的整体质量和成功率。

最后，Kickstarter 发布了项目展示产品，提高了项目透明度。满足了发起人多方面的需求。为了提高发起人的活跃度，增加网站的活跃用户数量，Kickstarter 发布了 Spotlight 产品。成功融资的项目发起人可以在上面分享自己的项目进程，展示项目动态，这提高了项目的透明度。发起人可以在 Spotlight 上展示预售购买的链接，这能更好地满足发起人对项目的营销、推广以及商业转换等多方面的需求。

8.2.4 Kickstarter 的劣势

（1）无法有效保障投资者的合法权益。由于 Kickstarter 是预售型众筹，所以需要解决"是否按时支付""筹资者身份的真假""回报产品的可靠性"等问题（胡振、李娜，2015）。

（2）大多参与者经验不足导致项目不能足额完成融资。很多预售型众筹项目存在发起者经验不足、盲目乐观等问题。发起者大多缺乏经验，并且在产品质量、投放市场的方式、产品的推广宣传等方面缺乏能力。

8.3 经验借鉴

基于以上对国外互联网金融服务模式的介绍，我们可以对每个平台的优势和劣势进行总结，如表 8-1 所示。

表 8-1　国外互联网金融服务模式的优劣势

类型	平台	优势	劣势
第三方支付	PayPal	（1）资金转移方便快捷	（1）支付流程较复杂
		（2）覆盖面广	（2）"买方保护"机制给卖方造成损失
		（3）安全性强，设立账户冻结和"买方保护"	—
众筹	Kickstarter	（1）设立共享平台，增强用户参与度	（1）无法保障投资者的合法权益
		（2）项目透明度高	（2）大多参与者的项目不能足额完成融资

近年来，我国数字金融呈现高速发展态势。平台运营数量和平台成交量都在快速增加，但是相比于发达国家的数字金融服务模式，我国数字金融平台在风险控制、行业监管、征信体系建设等方面还存在许多不足之处。因此，总结国外具有代表性的数字金融服务模式的发展经验，有助于完善国内的数字金融市场建设。

（1）机构协同合作。国内第三方支付的多样化机构合作运用得比较广泛，比如客户可以通过支付宝付款获得优酷等其他平台的优惠券，或者在其他平台付款时使用支付宝可以有一定的优惠。这样的多样化机构合作可以提高平台的覆盖率（王冬吾，2019）。但是，多样化机构合作在网络贷款和众筹方面还存在不足。国外则有很多平台采用多样化机构合作的方式来提高平台的效率和防范风险。

（2）多领域业务拓展。近年来我国第三方支付平台一直致力于创新支付渠道和创新理财渠道，先后开创了余额宝、微信理财通等各种网上理财工具，第三方支付平台不仅在金融领域有所创新，还涉及公益事业、交通出行、房屋租赁等领域。而 PayPal 等支付机构的业务也延伸到提供行业解决方案、利用交易信息为客户提供供应链增值服务等领域。这也体现了数字金融企业业务拓展的一个新动向。

（3）加强行业监管。加强数字金融监管主要包括完善互联网金融监管法律法规体系，明确监管主体及其权责分配。对于传统金融行业，国家颁布了《中华人民共和国中国人民银行法》《中华人民共和国商业银行法》《中华人民共和国证券法》和《中华人民共和国保险法》对其进行规制引导，并设有银保监会和证监会两个监督主体负责对传统金融、保险和证券市场的操作行为和交易记录进行有效监督。而对于数字金融行业就缺乏与时俱进的法律法规，并且监管主体及其权责分配也不明确。美国是互联网金融的发源地，美国证监会并未针对互联网金融行业制定特有的监管法律框架，而是在已有的联邦监管法律框架下，针对互联网金融市场监管存在的漏洞进行修订完善。我们国家可以借鉴美国互联网金融监管的先进经验，在传统金融市场监管法律法规框架下，结合互联网金融市场的新需求，弥补监管漏洞。针对监管主体及其权责分配，也可以学习美国的互联网金融监管模式，即美国证监会与州一级证券监管部门负责保护投资人，联邦存款保险公司与消费者金融保护局负责保护借款人的多头监管模式，建立多种监管主体协同监管的格局（李琳璐，2017）。

8.4 本章小结

本章内容主要从国外互联网金融服务模式展开，以第三方支付平台和众筹为例，对其进行优劣势对比分析，以此形成经验借鉴。笔者认为，国外的第三方支付平台如 PayPal，在资金转移便捷性、渠道广覆盖、高安全性和消费者保护权益水平、强风险管理能力等方面具有优势；而众筹平台在高用户参与度、高信息透明度、高客户黏性、有效监督、高盈利性等方面具有显著的优势。

9 政府主导型农村数字金融服务实践与创新研究

9.1 初始探索

9.1.1 "家庭农场"案例

付德康，一位住在彭州市升平镇银雀村的51岁农民。他从1998年开始用小作坊的形式烤酒，经营初期其年产量在10吨左右，到2010年后上升到年产量100吨左右，对于一个小作坊来说，这算是上规模上档次的了。但是由于国家大力提倡环保，特别是烤酒这类加工企业，过去用煤炭做能源的现在必须改成电力，且烤酒房目前必须改成全机械化操作，在减少人工操作的同时，更主要的是减少环境污染。要想持续稳定地发展下去，付德康就不得不面对摆在面前的所有困难——酒厂的改建、原料的采购、人员的工资等，这些都需要有足够的流动资金才能使企业正常运行。

陷入困境的付德康在成都农商银行彭州支行升平分理处了解到，可通过"农贷通"平台向银行申请贷款，以解决日常经营的资金问题。于是，他在客户经理的指导下，于2017年8月20日通过成都市农贷通平台向农商行申请10万元的农户小额信用贷款。

成都农商银行彭州支行升平分理处通过"农贷通"平台获取客户的资金需求后，通过实地调查，核实客户经营项目真实，贷款用途合理，其经营市场前景较好，经营规模逐年扩大，资金需求合理，还款来源有保障，符合农商行贷款条件。故农商行同意向付德康贷款10万元，执行贷款基准利率。目前，银池酒厂已按要求改造完毕，环评情况正在验收中，验收合格后将正式投产，预计改造后年产量能达到300吨。

9.1.2 "龙头企业"案例

妙杏生态农庄，成立于2011年9月23日，位于四川省彭州市升平镇青春村，占地面积200余亩，景色秀丽，是集会议宴会、草坪婚礼、游泳、垂钓、品茗、儿童乐园、拓展培训为一体的生态休闲度假农庄。妙杏生态农庄着力突出渔文化、农耕文化及生态文化，并成立升平镇稻田鱼合作社，妙杏生态农庄设有采摘区、稻田鱼捉鱼区、烧烤区、垂钓区、农耕体验区等。妙杏生态农庄每年定期举办稻田鱼文化节、蔬菜采摘、垂钓、游泳比赛、厨艺比赛等一系列活动，利用60亩核心示范区，带动周边农户发展形成4 500亩的示范养殖基地，打造出田园景区创意的一片新天地。可妙杏的发展并不是一帆风顺的[①]。

2017年，当樊明甫计划把农庄扩大发展时，却出现了不小的资金缺口，但是已经铺开的建设又不可能突然收手。如果收手，势必就会造成更大的损失。这时"农贷通"平台进入了他的视野，他抱

① 资料源引自：https://finance.sina.com.cn/roll/2018-12-12/doc-ihmutuec8657011.shtml。

着试一试的心态在平台申请了一笔贷款，当成都农商银行的客户经理找到他进行贷前调查的时候，他才真正意识到这个平台真的能贷到款，相较于传统信贷业务的一系列流程，成都农商行基于"农贷通"平台，结合实际，积极探索，快速形成授信方案，发挥各部门联动职能，在 20 个工作日内成功通过其贷款申请，以农村产权直接抵押方式于 2017 年 12 月 27 日发放该笔贷款，金额 330 万元，期限 36 个月，利率执行支农优惠利率基准利率上浮 30%，并享受贴息政策。

9.1.3 "专业合作社"案例

彭州市凤霞蔬菜产销专业合作社，成立于 2007 年 10 月 15 日，位于四川省彭州市蒙阳镇凤霞村。合作社在发展中遇到瓶颈——由于新建冻库、办公室、厂房等，在固定资产上需投入大量资金，就造成流动资金紧张的问题，但合作社由于自身无抵押物，难以在银行通过担保获得流动资金贷款。

面对这样一个难题，合作社理事长积极寻找解决途径，2016 年 11 月，合作社徐理事长通过一次农商行下乡宣传了解到彭州市"农贷通"融资综合服务平台，并被彭州市人民银行和市委统筹办共同纳入彭州市"农贷通"项目库，于 2016 年 12 月与农商银行对接，以土地经营权、农业生产设施所有权、房屋所有权等农村产权为抵押物，获得了 260 万元贷款，建立了冷链加工销售服务中心，解决了冷链加工服务难题。2017 年，合作社被评为"信用专业合作社"，农商银行通过信用方式再次向凤霞合作社发放 100 万元信用贷款，缓解了合作社在农产品流通和购买农资环节遇到的资金周转难题。

鉴于凤霞蔬菜合作社采取的"大园区＋多业主"土地适度规模模式能够较好地辐射周边农户，在彭州市政府和中国人民银行彭州市支行的支持下，合作社创新建立了农村金融综合服务站，使合作社的服务功能得到进一步拓展和延伸，让合作社社员、种植户和周边农户"足不出村"就可享受便捷贷款、农产品仓单质押融资、助农取款、纸硬币自助兑换、农产品价格指数保险等金融服务。目前，通过合作社设立的农村金融综合服务站，当地村民已成功在"农贷通"平台获得 12 笔贷款，共计 413 万元。

9.1.4 "民宿打造"案例

廖某，现年 28 岁，泰安村当地居民，在都江堰市青城山后山景区前的尖峰村 2 组，离景区不到 1 千米的路边经营一家农家乐。该农家乐有标间 22 个，经营面积共计 1 100 余平方米，餐厅面积约为 100 余平方米，可同时接待 80 人就餐，娱乐场所的面积达 120 余平方米，该户上年经营收入在 25 万元左右。因后山景区游客较多，农家乐地理位置近，环境好，原农家乐设施已不适应现在客人的需求，廖某需要资金对农家乐的 1 至 3 层房间和环境设施进行改造和装修。廖某通过"农贷通"平台向农商行申请贷款，农商行根据廖某近一年的银行流水和实地调查，初步估计该农家乐经过装修后的营业额应在 30 万元以上。除去家庭开支及经营成本，纯收入应在 15 万元左右，本次装修共计花费 63 万元，申请人自筹 33 万元，其中包括在亲朋好友处的借款 20 万元，所以廖某申请贷款 30 万元，借款期限 44 个月。通过实地调查，核实经营项目真实，贷款用途合理，其经营市场前景较好，经营规模逐年扩大，资金需求合理，还款来源有保障，符合贷款条件。故农商行基于"农贷通"平台，结合自身实际，快速形成授信方案，同意廖某贷款 30 万元，贷款期限 44 个月，年利率为 8.0%，担保方式为信用担保，按月结息，分期归还本金。

9.2 政府主导型农村数字金融服务模式运行的主要问题

9.2.1 平台发展迅速，但高运行成本不容忽视

作为成都市农村金融服务综合改革的重点工程，政府强有力的支持是"农贷通"平台有效运行的前提保障。长期以来，各地农村金融改革主要依靠金融机构自主开展，改革缺乏系统性、全局性，难以形成工作合力。成都市农村金融服务综合改革以来，一直强调政府主导作用，通过构建"试点领导小组+联席会议+政金协调配合"模式，形成一套行之有效的工作推进机制，促进改革工作有序深化，进而形成了以"农贷通"为改革主线的金融综合服务平台，实现了对涉农信息和金融服务的全面整合，同时连接了"政府""供给机构"和"需求主体"，囊括了贷款、保险、担保、资产收储等金融服务功能以及产权交易、惠农政策、涉农市场信息等诸多非金融服务功能。然而，作为综合性服务平台，"农贷通"的运行需要中国人民银行成都分行、省金融工作局、四川省发展改革委、省银监局、省证监局、省保监局、省农业厅、省财政厅、省国土资源厅等多个政府部门以及县市乡镇等相关部门协同参与。多个部门之间

的协同和调整，就会带来较高的制度构建协调成本、部门之间的摩擦成本、沉没成本、信息沟通和交流成本以及制度执行成本。

首先，上述成本最直接的表现为构建与维护平台运行的财政支出。为不断推进农村金融改革，成都市财政在"农贷通"平台建设、农业产业发展引导基金、农村产权收储公司和新型农业经营主体信用信息库建设等方面投入 5 亿元以上。部分区（市）县已提供 10 亿元以上的财政经费用于对政府平台公司、政策性融资担保公司的注资。成都市设立了首期 1.45 亿元的"农贷通"风险补偿资金用于支持金融机构开展产权抵押融资、担保贷款和信用保证保险贷款等业务的风险分担。同时，政府对通过"农贷通"平台发放的涉农贷款予以贴息，2018—2020 年，已累计对 1 387 笔符合贴息条件的 27.57 亿元涉农贷款贴息 2 974.3 万元①。这些财政支出费用目前只是粗略估计的数额，尚未计入制度构建及执行所投入的人力、物力以及平台后期运行维护所需的费用。其次，村级站点建设及其人力、物力投入也是另外一大笔费用。目前，成都市"农贷通"平台共有超过 1 600 个村站。每个站点的建设及维护费用至少为 5 万元，粗略估计 8 000 万元。每个站点雇佣 2 人，每个员工的月工资 500 元。一个月所有的村站人员工资粗略估计为 160 万元，一年的人员工资就需要 160 万元/月×12 个月＝1 920 万元。同时，各金融机构也需要投入人力、物力对"农贷通"平台的业务进行管理与维护。此外，中心平台管理与后期维护，以及大数据管理分析等均需要人力和物力投入。由此可知，"农贷通"平台的运行成本较高。

① 数据源引自 2020 年中国农业大学普惠金融研究团队编制的《成都市农村金融综合服务改革评估报告》。

9.2.2　政府主导性强，但平台运行可持续发展能力不足

由前述成本分析可知，首先，目前平台运行的总体成本较高。在前期搭建平台阶段，成都市财政投入高达 5 亿元以上，各区县配套资金总计也达到近 10 亿元。而后期的系统开发、完善、升级以及数据信息搜集与管理仍需要投入大量的人力、物力以及财力。目前，平台运行的资金主要来源于财政资金支持和极少部分银行（成都农商行与成都银行）支付的平台使用费。截至 2020 年 8 月底，只有成都农商行和成都银行与"农贷通"平台实现了系统对接。成都金控征信公司尚不具备个人征集牌照，金融机构尤其是大型商业银行，由于具有独立的信息收集渠道和较强的信息和风险鉴别能力，其对"农贷通"平台信息的充分性存在疑虑，所以尚不愿支付"农贷通"平台使用费，这导致成都金控征信有限公司市场化收入来源有限。其次，从平台运行机制设置看，平台由政府主导构建，政府与市场之间的边界尚未厘清，平台运营市场化还有很长的路要走。再次，平台目前主要业务为提供信贷、财政贴息以及产权交易服务，与其他金融业务如保险业务的联动协同合作较少，造成平台收入渠道较为单一。而信贷增量、财政贴息尚未形成充分的规模效应，农村产权交易更是面临薄市场。因此，这些业务可为平台提供收入的能力非常有限。此外，平台仍靠金融服务站点的政策宣传获客，农村金融消费者主动运用平台享受金融服务仍为少数。这也使得更多金融机构对接使用平台的意愿不足，影响了"农贷通"平台"群聚效应"的发挥。

9.2.3 风险分担配套机制已建立，潜藏风险逐渐凸显

由前述内容可知，财政支持、征信数据库建设以及产权交易是"农贷通"平台构建的核心要素。从运行角度看，首先，平台长期运行将面临财政支持力度减弱的风险。平台运行需要大量的资金投入。对于地方政府而言，这是一笔非常大的财政支出。长期来讲，这将给地方财政将带来较大的压力。因此，财政支持只是短期的。平台发展需要通过建立市场化机制来维护平台的正常运行。其次，征信数据收集存在显然的失真风险。利用"农贷通"平台整合各部门、各机构以及村站联络员收集的信息来形成农村信用征信体系是构建成都市农村信用信息库的三种主要方式之一。在贷前审查过程中，根据农业经营主体的经济实力、信用记录、经营能力、道德品质、偿债能力等情况对其信用进行评价是一项具有挑战性的专业工作。从信息收集角度看，信贷员或者村干部等兼职的农村金融联络员是信息收集的主体。而这些联络员均未接受过专业的信贷审查等专业训练，金融素养相对不高，其收集的信息或多或少会存在某些缺陷，对农业经营主体开展的信用评价会存在一定偏差，造成信用信息失真。从信息实时更新角度看，平台对信息变动的更新不及时，存在信息滞后的可能，造成信息的有效性下降或者信息失真。数据失真将会降低商业性金融机构对接平台的意愿，导致平台的后续运行收入遭受严重损失。最后，相关产权制度滞后，农村产权交易仍面临薄市场，产权交易变现风险日益凸显。

9.2.4　平台功能定位不清晰，后续功能发展仍需诸多探索

"农贷通"平台只是数据集成者，尚未接入农业经营主体生产端数据，更未实现对整合的数据进行挖掘和利用，充分发挥数据的价值。从前述内容可知，"农贷通"平台是成都市农村金融改革推进的网上平台系统，是"政府+市场"双轮驱动的金融服务平台模式，由核心系统、接入资源和应用服务三个部分组成，对涉农信息和金融服务进行全面整合。"农贷通"平台同时连接了"政府""供给机构"和"需求主体"，囊括了贷款、保险、担保、资产收储等金融服务功能以及产权交易、惠农政策、涉农市场信息等诸多非金融服务功能。换言之，现有的"农贷通"平台定位于整合和收集农业经营主体信息数据、展示金融产品、展示财政贴息政策、展示可交易的农地产权信息，但并未真正开展产权交易，也并未开展信贷服务。而平台收集的农业经营主体信息并不包括农户家庭信息和经济信息，尚未接入生产端数据，不能为贷款资金使用审查提供可靠的判断依据。

9.2.5　村级金融服务站发展差异较大，运行模式尚不成熟

村级金融服务站是"农贷通"平台线下发展的直接载体。从平台运行的这五年看，村级金融服务站有效发挥了"桥梁"作用。一方面，村级金融服务站汇集了主要金融机构的几百类贷款和保险产品信息、涉农融资项目信息和新型经营主体信用信息，通过平台进

行宣传，成为专业针对农村金融市场的前哨阵地，有效降低了金融产品和服务推广成本、信息搜集成本、获客成本以及需求主体的信息搜集成本。另一方面，平台通过村级金融服务站的地缘优势搜集和整合了各类新型农业经营主体的信用信息，有效缓解了各类农业经营主体遇到的信贷排斥问题。然而，从村级金融服务站的建设与运营来看，县级政府及相关部门支持较弱的情况下，村站的运营发展相对滞后；在中国人民银行支行组织推动力度小的地区，金融机构对接"农贷通"平台业务的积极性较低（如表9-1所示）。而这相应反映的是金融服务站的运营能力与利用率。彭州市采取的模式是由成都金控征信有限公司进行运营管理。金融服务站人员专业化水平高、人员有较稳定的保障、人员流失率低、村站运营及其功能发挥有效，匹配的贷款额也较高，首次贷款客户可达到60.2%以上。相反，崇州市采取了由本市的农村产权交易所负责村站日常运营管理的模式，其管理专业化程度不高、金融专职联络员流失严重、村站建设和维护明显不足，崇州市村站的整体运营及功能发挥落后于彭州市。而郫都区的金融服务站运营管理与彭州市、崇州市的营运管理均则存在较大差距。其运营模式仍在探索阶段。整体而言，成都市下辖15个县（区），对于"农贷通"平台，各地方的政府支持力度和中国人民银行支持重视程度存在显著差异，这就会进一步影响其下辖的金融服务站的运行效率和功能的发挥。

表 9-1 彭州市、崇州市、郫都区"农贷通"村站运营情况展示

地区	县级政府支持力度	中国人民银行重视程度	村站运营管理方式	联络员数量	村站运营情况（截至2020年7月）
彭州市	较高	较高	由成都金控征信有限公司进行运营管理	专职联络员21人	成功对接贷款901笔，1.74亿元；其中首次贷款客户达60.2%
崇州市	较高	较高	3种方式：由政府牵头、农村产权交易所运营管理；由银行牵头设立，如上银村镇银行设立了3个村站；依托村（社区）便民服务中心增加"农贷通"贷款业务的窗口	专职联络员6人、兼职信息员231人	累计推荐贷款572户、申贷资金3.13亿元；成功实现放款163户，放款金额1.3亿元
郫都区	较低	较低	初步做法：成都农商行入驻102个农村综合金融服务站，搭建"村级金融服务站+金融联络员+农贷客户经理"模式；未来计划：引进第三方运营公司	115个村级金融服务站，联络员人数无统计数据	通过"农贷通贴息审计核查的项目共计16个，贷款总金额5 924万元，申请贴息补助金额52.97万元

资料来源：2020 年中国农业大学普惠金融研究团队《成都农村金融服务改革第三方评估报告》。

9.2.6 专业人才队伍建设不健全，人员保障能力弱

数字金融发展依赖于大量的数字技术专业人才和金融专业人才。一方面，从数字人才看，数字技术专业人才比例较低，不利于数字技术产业发展以及数字金融在农村的发展。另一方面，从"农贷通"平台运行以及村镇金融服务站的人力投入看，需要大量的金融专业人才来构建这支金融联络员队伍。目前，农村金融联络员主要由信贷员或者村干部等构成。这些人员有一部分是专职，另一部分是兼职工作人员。专业的金融人才队伍建设不健全。从部分地区的农村金融联络站的运营看（见表9-2），较大部分联络员的工资相对不高，也不稳定，甚至没有保底，完全依赖于推荐贷款保险业务的提成。不稳定的职位和薪酬待遇导致联络员流动性强、工作积极性差，难以对联络员形成有效激励，也影响了村级金融服务站的真实作用发挥。

表9-2　成都市调研样本区县村级金融服务站运作

	彭州市	崇州市	郫都区
直接管理营运部门	成都金控征信有限公司	农交所	区农业农村局管理，第三方运作
联络员性质	专职	专职	兼职
联络员薪酬待遇	保底1 500元，推荐贷款保险服务提成，一般及时足额发放	完成各类考核任务1 500元，交通电话费800元，推荐贷款保险提成，发放有不及时、不足额现象	无保底，推荐贷款保险提成

资料来源：2020年中国农业大学普惠金融研究团队《成都农村金融服务改革第三方评估报告》。

9.2.7 数字金融生态建设不足，与农业农村经济有待深度融合

尽管"农贷通"平台是适应数字乡村建设的重要探索工程，但从实践看，"农贷通"平台与数字技术、农业农村经济的融合程度仍然较低。从需求端看，"农贷通"平台并没有接入生产端数据，目前只是整合和收集了农业经营主体的信息数据，并不包括农户家庭信息和经济信息数据，尚未对金融需求方生产经营、管理服务和销售的链条式信息数据实现实时记录，更新其最新的生产经营情况。这不利于金融机构对贷后资金使用的监管和对信贷风险的及时识别。从供给端看，金融机构接入"农贷通"平台应是建立在平台的数据优势基础上，充分利用其收集的数据信息来改善当前金融市场凸显的信息不对称、有效抵押品不足以及获客难的问题。然而，"农贷通"平台提供的数据信息以及对已有数据信息的挖掘与利用不足，难以实现需求的精准画像以及贷后的风险审查和监管，致使商业性金融机构对接入"农贷通"平台表现出较低的意愿，信用数据资源支撑融资对接未能形成合力。此外，虽然"农贷通"平台服务覆盖面广、信用数据资源丰富，但平台与其他数字基础设施的融合程度不高，与四川省平台体系中其他平台的信用数据的融合程度也不高，并未能形成企业信用数据共享"组合拳"合力，所以目前尚未形成有效的良性数字生态环境，想用数字化驱动农村金融改革高质量发展仍然任重道远。

9.3 政府主导型农村数字金融服务发展面临的新机遇

9.3.1 平台经济迅速发展，提供了创新探索方向

新一代数字基础设施极大弱化了市场信息的不对称性，不仅加速了企业与市场的融合发展，也加速了企业在资源配置方案、价值创造方式等方面的快速转型。而这些变化也将带来企业组织形态的变革。传统的层级制组织结构很难适应社会的泛化发展形势，取而代之的是更为广泛接受的扁平化、松散的组织结构。这种组织结构可聚合多元主体，又能凸显用户本位主义，还能通过分享机制实现经济增值（李海舰、李燕，2019）。而平台正是在此背景下应运而生，并成为新时代的重要运行主体。最为关键的是，依据数字技术，平台可以实现精准经济、速度经济、网络经济以及协同经济等一系列经济效应体系，产生倍数效应。

（1）精准经济效应。平台作为双方或多方经济主体直接进行交易、交互的虚拟场所，能够在市场需求个性化、复杂化、动态化的情景下，弱化市场扭曲（余文涛、吴士炜，2020），实现供给与需求的精准匹配，以提高企业组织的生产效率和精准服务能力。具体而言，平台的构建为消费者需求表达提供了载体，使得市场信息传递可以更快、更准，并被产品生产者或服务供应商收集、被转化、被满足，从而实现"多对多""N 对一"的价值创造模式。与此同时，智能中台作为平台企业的基础数字设施和核心竞争优势，通过"数据+算法"，实现对消费者需求精准画像，最终达到产品或服务供需

有效匹配。在整个过程中，平台采用数字化形式对消费者的需求与供应商的供给进行存储，然后依据强大的算法体系进行数据的最优匹配。

（2）速度经济效应。平台通过提供一个无限的虚拟空间，采取开放式、无边界的共享发展模式与可无限次数复制的数字化经营方式来开展业务，这能够帮助企业组织业务实现指数级增长（伊斯梅尔等，2015），从而在快速形成"赢者通吃"的规模性"竞争壁垒"的基础上（Hauser et al.，2014；Azevedo & Leshno，2016）具备很强的"先发者优势"（张小宁，2014）。具体而言，共享赋予平台企业将固定成本变为可变成本的轻资产运营能力，从而缩减市场拓展时间（李海舰，2020），并可依据强大的数据算法对闲置的资源进行充分的利用，大大节约了成本。同时，企业组织创造价值的过程被反复加速，可快速地完成生产、服务、交易、盈利、增长，从而缩短产品的单位生产时间、提高交易频率、缩短资金周转时间，使企业的服务规模和经营业绩快速提升。

（3）网络经济。平台具有显著的同边网络效应与跨边网络效应，这是平台企业得以快速壮大的关键（王节祥等，2020）。具体而言，对于单边效应，以微信、QQ 等为代表的具有分享、交流、社交性质的泛化"横向平台"为例，当平台用户越多，可吸引过来的流量和关注度越大，平台的效用和价值创造就会越多，反之亦然。对于多边效应，以京东和天猫为例，平台上注册的商家越多，各商家之间的竞争越激烈，产品的价格就越低，吸引的消费者越多；同时，越多消费者聚集，更多企业又会被吸引入驻到平台，进而形成闭环的正或负反馈经济循环。值得注意的是，平台网络效应并不是"天然"

存在的，而是需要企业组织通过不断的非中性定价策略对其进行激化（徐晋和张祥建，2006），进而产生循环效应。在没有相关策略激化的情况下，网络效应很快就会消失。

（4）协同经济效应。从系统角度看，平台的实质是构建一个可跨产品、跨企业、跨产业的复杂性生态系统。在这个生态系统中，多个主体或者系统模块之间相互补充、又相互独立，且能够动态地发挥功能。通过它们的相互协同分工，实现资源最优配置，最终创造价值。

综上所述，作为一个平台，其有效运行可实现精准经济、速度经济、网络经济以及协同经济等一系列经济效应体系。然而，平台的科学构建与有效运行是其功能充分发挥的关键。从"农贷通"平台自身来看，其虽已运行了将近五年时间，但平台自身的顶层设计、内部组织环境以及外部环境仍存在诸多的不足。而当前平台经济的迅速发展，为"农贷通"平台的完善与功能模块创新提供了方向。

9.3.2 数字乡村进程加快，提供了良好的数字生态环境

数字经济的发展已经成为一个国家竞争力的体现（许恒等，2020）。为适应数字经济全球化发展趋势，中央政府在相继提出数字中国、数字乡村等战略以及《国家乡村振兴战略规划（2018—2022年）》《数字乡村发展战略纲要》《数字农业农村发展规划（2019—2025年）》等一系列政策文件后，在《中华人民共和国国民经济和社会发展第十四个五年规划和2035年远景目标纲要》（简称："十四五"规划纲要）中再次强调，"要深入推进网络强国建设"（李奥

梦，2021；刘清霞，2021）。在国家战略方针政策的引导支持下，我国数字经济与经济社会各领域实现快速融合，并呈现高速发展态势，成为带动经济增长和引领产业转型的新引擎，加速了数字中国建设进程。数字乡村既是乡村振兴战略实施和农业农村优先发展的方向，也是建设数字中国的重要内容。

《数字乡村发展战略纲要》明确提出"数字乡村是伴随网络化、信息化和数字化在农业农村经济社会发展中的应用，以及农民现代信息技能的提高而内生的农业农村现代化发展和转型进程"。加快推进数字乡村建设，既是巩固拓展网络帮扶成果、补齐农业农村现代化发展短板的重要举措，也是深入贯彻新发展理念、加快构建新发展格局、实现乡村全面振兴的关键一环。根据《数字乡村发展战略纲要》的有关要求与国家数字乡村试点工程建设要求可知，信息基础设施、公共支撑平台、数字应用场景、建设运营管理和保障体系建设等内容是数字乡村建设的重点与核心。而这些内容的构建也将为农村数字金融发展提供良好的数字生态环境基础，亦为"农贷通"平台的发展提供了契机。

9.3.3 乡村要素市场培育，提供了巨大的潜在发展前景

改革开放以来，中国经济社会不仅经历了由乡土中国向城市中国的社会转型，也经历了由计划经济体制向市场经济体制的转轨。两者相互交叉、互为促进。客观上，这些社会转型和经济体制转轨为产品和要素的市场化配置创造了条件（钱文荣等，2021）。从现实看，产品市场化改革已基本完成。目前，国内不仅形成了统一的产

品市场，而且也有大规模的产品出口国际市场（穆虹，2017）；但要素的市场化配置还远未完成（刘翔峰，2019），要素市场化改革相对滞后（钱文荣等，2021）。相较于产品市场的发展水平，要素市场的发展水平仍处于低位（樊纲等，2011）。要素的市场化配置既是建立现代市场体系的目标与方向，也是更好发挥市场决定性作用和政府作用的基本前提（刘志成，2019）。而畅通农村要素市场则是乡村振兴的逻辑前提（冯兴元，2021）。农村三大生产传统要素包括土地、劳动力和资本。其中，土地要素市场的滞后又最为明显（钱文荣等，2021）。与此同时，中国的农村土地制度改革既是改革开放的起点，也是当前全面深化改革最为重要的领域。

成都市为深化农村产权改革构建了系列配套制度并开展了机构组织变革。首先，成都市先后完成了"老六权"（即农村集体土地所有权、集体建设用地使用权即宅基地、农村房屋所有权、农村土地承包经营权、林权、股权）和"新五权"（农村土地经营权、农业生产设施所有权、农村养殖水面经营权、小型水利工程所有权、林地流转经营权）的确权颁证工作。其次，成都市农村产权交易所探索以"独资建设"模式设立分公司、以"合资共建"模式设立子公司的市场化形式，在成都市涉农区（市）县相继设立了16家农村产权交易分支机构，在镇村设立了农村产权交易服务工作站和网点，搭建了全市全域覆盖的农村产权交易服务体系，培育了2 000余名农村产权信息员和经纪人，形成了较为完整的农村产权流转交易服务体系（李宏伟，2018）。截至2020年5月，农村产权交易所累计实现建设用地指标交易15.33万亩354.75亿元、占补平衡指标交易12.82万亩35.62亿元、土地经营权交易189.96万亩352.01亿元、林权交易 47.70 万亩 28.53 亿元、集体建设用地使用权交易 0.66 万亩 43.02 亿元、农村土地综合整治项目融资 232.66 亿元、资产处置 230 宗 27.89 亿元①。再次，成都市将农村产权依法还权赋能，积极探索农村产权抵押贷款业务。成都市温江区和崇州市开展了农村承包土地的经营权抵押融资改革试点，郫都区开展了农民住房财产权抵押融资改革试点。在开展"两权"抵押贷款试点的同时，成都市还创新开展了林权抵押、农业生产设施所有权抵押、养殖水面经营权抵押、农村动产抵押、财政惠农补贴担保、花木抵押等农村抵押担保融资新模式，共计 3 类 9 种产品，有效缓解了农业生产资金压力，缓解了农业农村"融资难"的问题（李宏伟，2018）。截至 2019 年 12 月底，农村产权抵押贷款余额为 99.4 亿元，累计发放额为 214.1 亿元②。最后，为保障农村产权抵押融资顺利开展，成都市不仅设立了风险补偿基金，还成立成都市农村产权收储有限公司，该公司由成都市农业发展投资公司、成都市农村产权交易所、鼎立资产管理公司共同出资成立，探索开展涉农不良债权收储等业务，这进一步丰富和完善了农村金融服务。

这一系列改革，让"三农"市场主体享有比较明晰、相对完整和可以流转的财产权利，有利于农村产权价值实现，并在逐渐削弱农村产权细碎化的不利影响过程中赋予和强化了全市各类农村产权的金融属性，解决农村居民缺乏金融机构认可的合格抵质押物的问题。更重要的是，这一系列改革为"农贷通"平台的业务拓展提供

---

① 数据来源：2020 年中国农业大学普惠金融研究团队《成都农村金融服务改革第三方评估报告》。
② 同①。

了巨大的发展前景。

9.3.4 普惠金融广度与深度发展，提供了有序的市场环境基础

普惠金融在农村地区的发展是推进中国普惠金融发展的关键，关系着全面建成小康社会和乡村振兴战略目标的实现。2015 年，由国务院印发的《推进普惠金融发展规划（2016—2020 年）》明确指出，大力发展普惠金融是中国全面建成小康社会的必然要求，也有利于增进社会公平和社会和谐。党的十九大提出乡村振兴战略，进一步为农村普惠金融发展指明了具体方向："把更多金融资源配置到农村经济社会发展的重点领域和薄弱环节，强化乡村振兴投入的普惠金融保障。"中共十九届五中全会也进一步提出要"增强金融普惠性"。

数字技术与农村生产与生活各领域的融合，有助于拓展普惠金融应用场景，创新农村金融市场信用评价、风险识别、风险定价、精准服务等交易机制，解决农村普惠金融交易的信息、成本、风险等核心问题。数字金融作为加快普惠金融进程的着力点，可以有效扩大金融基础服务覆盖度、提升金融资源供需匹配度、降低农业经营主体的融资成本和金融供给方的获客成本，进而缓解农村普惠金融发展中的"融资难""融资贵"、服务"最后一公里"问题。但作为新技术，数字金融发展也存在诸多的门槛、限制以及风险问题，如网络基础设施与大数据信息门槛、市场条件门槛、配套的法律法规门槛、应用场景有限性、客户范围有限性、业态的有限性、相关的数据安全风险、平台垄断风险等。因此，目前数字金融在农村地

区的发展仍旧需要依靠"线上+线下"或者"互联网+社会网"的形式进行推进。所以，普惠金融在农村地区的广度和深度发展是数字金融发展的市场基础。

9.4 政府主导型农村数字金融服务发展及创新探索

9.4.1 探索平台功能创新，提升服务智能化水平

由前述内容可知，目前"农贷通"的功能虽多，但整体功能的发挥水平，尤其是智能化程度仍然较低。因此，可考虑从以下四个方面进行探索：

一是可采用数字技术补充信用信息搜集的途径。借助"农贷通"村级金融联络员持续采集农业经营主体信息是构建征信数据库的主要方式之一。一方面，受限于人力与物力投入，这种方式搜集的信息仍有限；另一方面，部分农业经营主体未曾主动使用"农贷通"平台，其信息就很难被收集。但很多农业经营主体会在线购买生活用品、生产要素，或者在电商平台销售农产品。这些信息会出现在很多消费平台或者电商平台，并且这些信息是用于完善金融消费者信用评价的有效信息。因此，可以考虑通过网络分布式爬虫技术持续不间断地抓取公开合法的网络数据，实现涉农信用数据的实时更新。

二是可探索将农业经营主体的农业生产数据信息和家庭详细的经济状况数据，以及政府相关部门的税务、交易流水等数据，纳入征信数据库范围内。这些数据是对农村生产追踪和贷后资金使用监

督的有效依据。同时，还可利用算法加强业务数据化能力建设，既要增加数据数量也要提升数据质量。

三是可探索研发运用身份认证、人脸识别等前沿技术，提高数字金融服务的速度和效率，使成都市农村金融市场在时间和空间上的距离缩小。

四是可探索运用区块链技术保障数据的时效性以解决农村产权流转不充分、市场不健全的问题。区块链技术可以其特有的去中心化、不可篡改、全程留痕、可追溯等特征，实现贴息链、产权交易等数据的实时存储和更新。一方面，"农贷通"平台可利用区块链技术去中心化的特点，将各部门相关的涉农数据库统一接入，并通过建立信息交互机制，提高信息交换的时效性；另一方面，通过在交易流程中加载时间戳和不可伪造的电子签名，提升信息交互的真实性和可靠性，简化农村产权流通交易中烦琐的产权真实性和身份验证流程，降低交易成本，提升用户体验，从而激活农村产权交易，助力农村"资源变资本"。

9.4.2　探索多元金融服务融合，拓展平台服务广度与收益来源

一是可拓展保险服务范围，增强金融服务的协同效应。农业产业的弱质性，使得农业呈现投资周期长、收益低、自然和市场风险大等特征。为此，成都市在推进农村金融服务综合改革的过程中，完善了现有农产品保险体系，并创新了多种政策性农业保险品种。例如，首先，成都市增加对自然风险的保险品种和保障水平，全面推行水稻、玉米、商品猪、能繁母猪、奶牛、油菜、马铃薯、森林、

杂交水稻制种、小麦这 10 个常规品种的政策性农业保险险种，还积极探索针对食用菌、猕猴桃、水产养殖、中药材、有机农业、蔬菜、水果、小家禽等特色农业和农村财产的保险险种。其次，成都市创新了市场风险保险，如成都市的中航安盟保险和锦泰财产保险股份有限公司积极探索生猪价格指数保险、蔬菜价格保险和种植常规作物的超过物化成本的收入保险。锦泰财产保险股份有限公司创新性地提供水稻收入保险。据统计，2015—2020 年，公司农业保险业务覆盖了成都市 16 个区（市）县、247 个乡镇，累计实现保费收入 8亿元，共计为 19.3 万户次农户及 1 300 余户次的新型农业主体提供自然风险及市场风险保障 133.7 亿元，其中，蔬菜种植保险、蔬菜价格指数保险和生猪价格指数保险为重点创新产品，业务占比达到90%[①]。最后，成都市创新设计了部分涉农新型保险。例如土地规模流转履约保证保险、农业生产经营主体用工意外伤害保险和农村住房保险等。据统计，成都市促成 121 宗农村土地经营权项目参保，参保金额 2 312 万元，涉及保费 68 万元[②]。由上述内容可知，保险业务市场业务量较大，但目前仅有少数几款保险产品在"农贷通"平台试运行。因此，可将保险业务纳入"农贷通"平台，不仅可强化平台的金融服务聚集效应和协同效应，亦可增加平台运营收益渠道，还可提高金融服务联络员的工资水平，减少人员流动。

二是探索数字金融与农业生产供应链的有效联结。数字金融与供应链联结的数字供应链金融是数字科技背景下适应现代农业发展

[①] 数据源引自 2020 年中国农业大学普惠金融研究团队编制的《成都农村金融服务改革第三方评估报告》。

[②] 同[①]。

的新型农业融资模式。长期以来，基于社会关系的农户小额贷款模式是我国解决小农户贷款难问题的主流模式，但是在我国农户分化与农业经营规模化发展的背景下，额度小、期限短、利率高的农户小额贷款难以满足新型农业经营主体的融资需求，新型农业经营主体的融资需求呈现出额度大、成本低、期限长等新特征。强化数字金融与产业链联结的数字供应链金融，利用数字技术、供应链核心企业信息适应现代农业发展的金融需求新特征。

三是可探索构建包括绿色信贷、绿色债券、绿色保险等在内的多层次绿色金融体系模块，拓展平台的功能。绿色金融作为金融市场的重要构成部分，与农业息息相关。

四是可将担保业务纳入"农贷通"平台，强化平台的金融服务聚集效应和协同效应，亦可增加平台运营收益渠道。

9.4.3 探索金融服务点市场化运营，降低运营成本

成都市农村金融改革对于政府财政投入的依赖较大，"农贷通"平台、村级金融服务站、农村产权交易中心、农村产权收储公司等机构的运转和业务开展都需要财政的支持和补贴，特色农业保险、担保模式和风险基金等配套措施也都需要财政持续投入。为推进改革，成都市财政投入高达5亿元以上，各区县配套资金总计也达到近10亿元，财政难以长期负担。因此，从长期看，政府逐步退出"农贷通"的运营管理，让平台走市场化道路是必然趋势。

村级金融服务站是"农贷通"平台线下发展的直接载体，也是探索市场化运行的关键点。从实践看，彭州地区村级服务站的市场化运作是目前较为成功的案例。彭州地区村级服务站由政府、合作

商业化机构共同出资构建。一方面，县级财政对每个站点每年补助 3 万元；另一方面，利用村级金融服务站构建起的服务网络，开展政策农业保险基层服务，保险机构支付工作经费用于村站运营。服务站的联络员也是合作商业化机构出资招聘的专职人员，工资有保障，人员流动较低，业务量也多，金融服务站得到充分利用。这种模式可供其他地区借鉴。

9.4.4 探索协同多元平台联动，增强服务普惠性与有效性

全面推进乡村振兴战略，提升金融服务乡村振兴的能力是前提。乡村振兴战略明确提出产业兴旺、生态宜居、乡风文明、治理有效、生活富裕的总要求。"农贷通"平台可探索与农村土地交易服务平台、农业科技创新服务平台、农产品品牌孵化服务平台、农产品交易服务平台、农商文旅体融合发展服务平台、农业博览综合服务平台的协同，共同服务乡村振兴战略的实施。这也是平台经济和生态经济发展的主流模式和必然趋势。

9.5 本章小结

本章围绕"农贷通"平台的应用探索、存在的主要问题、发展面临的机遇以及创新进行阐述。笔者认为，首先，政府主导型农村数字金融服务模式存在成本高、可持续发展能力不足、潜藏风险、定位不清晰、村级服务站运营模式尚不成熟、专业人才队伍建设不

足、数字生态环境建设不足等主要问题。其次，当前，平台经济的迅速发展、数字乡村建设、乡村要素市场培育以及普惠金融发展均为"农贷通"平台提供了发展的机遇。最后，笔者认为可从平台功能创新、多元金融服务融合、村站运行模式市场化、协同多元平台联动等方面开展创新研究。

10 结论及政策建议

10.1 主要研究结论

　　本书以成都市"农贷通"政府主导型数字金融服务平台为研究对象，首先，在系统梳理数字金融相关文献的基础上，界定政府主导型数字金融服务平台的概念，依据金融功能理论、长尾理论等理论，分析我国农村数字金融发展过程中市场主导型服务模式的现状与存在的主要问题，提出政府主导型农村数字金融服务模式发展的逻辑起点、理论依据以及现实需求；其次，以成都市"农贷通"为例，介绍政府主导型农村数字金融服务模式的构建机理、构成要素、功能与定位、配套制度以及产品，分析平台的应用现状及其特征，并对该平台应用的满意度进行评价，测算平台的运行效率，分析平台运行的风险及可行的监管措施；再次，通过对国外发展较好的数字金融服务平台进行介绍和分析，总结并借鉴其经验；最后，针对政府主导型农村数字金融创新发展应用实践，探讨其创新及发展前景，形成如下主要结论：

　　第一，从"农贷通"平台"一个平台、三级管理、县县互通、

"市县互通"的运行思路看，平台结合供需对接机制、多元融资实现机制、贷款损失风险分担机制、基层服务站综合服务机制，通过信息流、资金流、服务流，可有效形成农业农村资金投入可持续增长机制，推进当地的信用体系建设，拓宽农村地区筹集资金的渠道，盘活农村各类资源，助推农业产业化经营。

第二，从应用现状看，"农贷通"平台借助互联网实现快速发展，获得了政府强有力的支持，有效降低了因信息不对称带来的交易费用和时间投入成本，大大提高了金融资源的供需匹配效率，并获得用户较高的满意度评价。

第三，从"农贷通"平台在样本地区运行的整体效率看，"农贷通"平台运行效率整体水平偏低，存在较大改进空间，且不同样本地区间差异显著。所以，下一阶段不同地区在运行"农贷通"平台的过程中，需要采取差异化策略进行改进。

第四，从调整前后规模报酬变动情况看，不同地区对于"农贷通"平台的推广应用和重视程度不同，导致各地区通过该平台发放贷款形成的规模效应呈现出显著的差异性；"农贷通"在大多数地区的应用中存在金融要素投入不足问题，仍需要更长时间将其推广到更大范围，进而发挥平台发放贷款的规模效应。

第五，本书认为，政府主导型农村数字金融服务模式存在网络安全风险、信息技术风险、信用风险、操作风险、垄断风险、系统性风险以及政策与法律风险等多元风险，需要从多方面对其进行监管。

第六，国外的第三方支付平台，在资金转移便捷性、渠道覆盖、安全性和消费者保护权益、风险管理能力等方面具有优势；而众筹平台在用户参与度、信息透明度、客户黏性、监督、盈利性等方面具有显著的优势。这些优势均对我国的数字金融服务平台的发展具有借鉴意义。

第七，政府主导型农村数字金融服务模式存在成本高、可持续发展不足、潜藏风险、定位不清晰、村级服务站运营模式尚不成熟、专业人才队伍建设不足、数字生态环境建设不足等主要问题。当前，平台经济的迅速发展、数字乡村建设、乡村要素市场培育以及普惠金融发展均为"农贷通"平台提供了发展的机遇。此外，研究者们可从平台功能创新、多元金融服务融合、村站运行模式市场化、协同多元平台联动等方面开展创新研究。

10.2 政策建议

10.2.1 加快数字基础设施建设，构建农村普惠金融数字生态圈

一是推进农村数字基础设施建设，提升农村网络与智能终端的覆盖率与普及率。积极完善数字乡村建设的顶层设计与制度安排，加快推进数字乡村试点工程建设。增强政府在数字乡村建设中通过政策、产业以及科技等方式发挥的引导作用，调动市场和社会的资源与力量共同参与数字乡村建设，推进通信网络基础设施向农村地区延伸，实施提速降费，优化网络质量，提高智能终端设备的普及率。从大幅提升乡村网络设施水平、完善信息终端和服务供给、推动智慧农业和智慧物流等农业基础设施数字化转型、推进"互联网+

247

公共服务"在乡村的延伸等四方面构建普惠金融生态系统的数字基础，弥合城乡的数字鸿沟、数字金融鸿沟。

二是依托"农贷通"线上平台和村级服务站线下平台，整合和积累数据资产，推动区块链等数字技术在农村金融领域的应用推广。打通行政部门与市场主体的信息交流通道，构建数据共享与交易机制，运用市场手段促进数据的流动与应用。例如农户银行信息、产权、交易、公安、工商、税务、电商流通等信息资源实时共享，动态更新。同时，重视区块链等技术在农业产业链、供应链和流通链上的信用证实作用，开发适合农村地区的数字金融新应用，推动农村信用评级系统数字化升级，提升服务效率，摆脱信用信息可利用价值低的困境，完善农村征信体系和大数据信用环境。

三是多途径和多方式加强农村地区金融教育和培训，提高农业经营主体的金融素养。构建普惠金融数字生态圈，不仅需要供给端的"数字硬设施"，而且需要需求端的"数字软知识"，农户和新型农业经营主体等需求主体是普惠金融数字生态系统的有机组成部分。加强个体数字素养教育培训和数字化人才培育，构建以政府支持引导、行业协会组织规范、学校和社会教育培训力量参与的多元主体协同共建的农村数字化教育体系，建立激励监督机制和数字资源共享机制，培养和提升农民的数字素养水平（苏岚岚、彭艳玲，2021）。加强农村地区的金融教育普及，引导农民提高风险认知能力，准确评估金融需求，理性实施金融决策，降低农村金融服务的"自我排斥"和"工具排斥"。强化"农贷通"平台线下金融服务站点在金融教育方面的宣传作用。

10.2.2　强化多元服务融合水平，拓展金融服务广度与深度

一是以智慧农业为依托，借助物联网、大数据等技术发展农业数字供应链金融。梳理、规范、构建新型农业供应链体系，推动农业供应链数字化、智慧化转型，发挥供应链的交易流、信息流、物流、资金流优势，运用大数据和云计算技术，畅通资金流通道。构建农产品的全产业链大数据。通过运用算法、区块链等数字技术改造传统农业，提高农业数字化水平，为金融机构面向农户和新型农业经营主体服务提供数据与信息基础。通过物联网技术获取农业生产信息数据，强化过程管理和监督，为农业产业链企业增信，降低信贷风险。运用数字金融创新解决农业供应链金融中产品标准不统一、契约稳定性不足等问题。

二是拓展平台经济和生态经济，引导更多的金融机构加入平台构建的数字生态圈。推动涉农金融机构实现金融数据共享，整合创设金融服务新业态，实现金融服务的综合化、自动化、智能化发展。通过搭建的大平台和生态，金融机构可打破彼此之间的壁垒，共享信息及风控资源等，强化金融机构的聚集效应，形成全方位多维化的金融服务体系，将农业保险、农产品期货、供应链金融产品、融资租赁、保理、股权融资等多种新金融服务业态纳入数字普惠金融服务体系。

10.2.3 加强数字金融市场监管和消费者保护，降低风险损失

一是完善大数据治理的顶层设计和整体布局，建立健全相关的法律和法规。例如，完善数据安全、大数据技术标准、政府数据管理、信息披露等方面的法律法规，构建系统化、多层次的数字金融监管体系。理论上，数字金融监管主体涉及政府、行业、市场以及企业。首先，"一委一行两会"作为政府的监管机构，需要针对新出现的多元化数字金融业态和服务模式，探索创新监管模式，以有效监管风险。其次，金融行业可通过组建行业协会等组织，培育行业长远发展意识，提升行业自律，增加行业内的沟通和协同合作，强化自身协调监管，最大限度预防系统性金融风险的发生。再次，完善金融市场的准入和退出机制，建立有效的信息披露机制，规范市场纪律，从源头上降低风险。最后，金融机构和组织是金融业的主要主体。其自身风险控制与管理是风险监管的重要内容。此外，还应设立顶层监管协调机制，明确监管主体的职责、政府和市场边界，防范分业监管与混业经营的制度性错配，避免监管空白导致的监管套利。

二是强化数字金融的数据治理，减少农村普惠金融的"数字排斥"。根据数据性质、安全级别和社会层级等的不同强化数据的分类管理，明晰数据的使用边界。明确数据所有权和使用权，为数据资源开发利用制定清晰的规范；加强数据采集与存储安全管理，注重个人隐私保护。确定各类数据的共享标准和范围，使农村金融机构在合理的边界内实现数据共享，加速数据高效流转和配置，促进信

用数据和风险评估系统互联，发挥数据资源的效能。

三是增加对金融消费者的法律保护。完善消费者权益保护方面的法律法规，优化金融消费者权益保护环境。一方面，鼓励、倡导数字终端设备开发商针对特殊群体，尤其是农村地区的群体开发一些操作程序通俗易懂、界面清晰、信息准确安全的金融产品或服务，为消费者提供专业的操作指导服务，减少消费者因操作失误造成的损失；另一方面，建立金融消费者投诉机制、纠纷解决机制以及风险预警机制，及时提醒金融消费者可能存在的风险，解决金融消费者反馈的问题、存在的纠纷以及管理风险，切实保护其权益。

参考文献

安佳，王丽巍，田苏俊，2016. 互联网金融与传统金融农村信贷风控模式比较研究［J］. 新金融，（9）：54-58.

白志红，2021. 双循环背景下数字普惠金融支持农村内需扩大的动力机制研究［J］. 商业经济研究，（8）：128-132.

贝多广，2015. 大变革时代的中国经济［M］. 北京：中国人民大学出版社.

曹文艺，刘志浩. 2018. 我国互联网金融模式发展研究［J］. 知识经济，（8）：21-23.

陈陪磊，李有绪. 2015. 我国农村金融机构发展存在的问题、成因及对策［J］. 台湾农业探索，（3）：43-47.

陈志武，2014. 互联网金融促进民间金融发展［J］. 广东经济，（7）：6.

程相宾，2018. 我国互联网金融的发展模式及影响研究［J］. 山西师大学报（社会科学版），45（6）：20-24.

段禄峰，唐文文，2016. 涉农电子商务发展的理论、外部性及政策选择［J］. 江苏农业科学，44（4）：4-7.

樊纲，王小鲁，马光荣，2011. 中国市场化进程对经济增长的贡

献 [J]. 经济研究, 46 (9): 4~16.

方凯, 王厚俊, 2021. 基于因子分析的农村公共品农民满意度评价研究: 以湖北省农户调查 [J]. 农业技术经济, (6): 30-36.

冯兴元, 2018. "三农" 互联网金融创新、风险与监管 [J]. 社会科学战线, (1): 58-65.

冯兴元, 2018. 畅通农村要素市场: 乡村振兴的逻辑前提 [J]. 中国经济报告, (4): 30-31.

耿蔓一, 2017. 农户电商融资选择意愿影响因素的实证分析 [D]. 广州: 华南农业大学.

龚映清, 2013. 互联网金融对证券行业的影响与对策 [J]. 证券市场导报, (11): 4-8, 13.

郭海凤, 陈霄, 2015. P2P网贷平台综合竞争力评价研究 [J]. 金融论坛, 20 (2): 12-23.

郭庆, 刘彤彤, 2018. P2P网贷对中国城乡居民消费的多重影响效应: 基于省际动态面板模型的分析 [J]. 经济体制改革, (2): 49-56.

韩俊, 2018. 农村改革试验区改革实践案例集 [M]. 北京: 中国财政经济出版社.

何大安, 任晓, 2018. 互联网时代资源配置机制演变及展望 [J]. 经济学家, (10): 63-71.

何红渠, 徐敏, 2019. P2P网络借贷为何乱象百出?: 基于演化博弈的分析 [J]. 商业研究, (6): 94-102.

何平鸽, 易法敏, 2018. 农村互联网金融风险及其监管分析 [J]. 南方农村, 34 (6): 33-38.

何启志，彭明生，2019. 互联网金融对居民消费的影响机理与实证检验 [J]. 学海，29（3）：146-153.

侯文飞，2018. 互联网金融背景下 A 银行手机银行的营销策略研究 [D]. 济南：山东大学.

胡振，李娜，2015. 美国预售型众筹发展及启示：以 Kickstarter 与 Indiegogo 为例 [J]. 青海金融，（3）：45-47.

黄涛，2018. 新常态背景下互联网金融监管核心原则 [J]. 经济研究导刊，（26）：149-150.

黄益平，黄卓，2018. 中国的数字金融发展：现在与未来 [J]. 经济学（季刊），17（4）：1489-1502.

黄益平，陶坤玉，2019. 中国的数字金融革命：发展、影响与监管启示 [J]. 国际经济评论，（6）：24-35.

季凯文，孔凡斌，2014. 中国生物农药上市公司技术效率测度及提升路径：基于三阶段 DEA 方法的分析 [J]. 中国农村经济，（8）：42-57+75.

揭佳豪，2021. 互联网金融对农村民间借贷需求的影响 [J]. 华北金融，（1）：83-94.

孔祥智，陈卫平，钟真，等，2018. 中国合作经济评论 [M]. 北京：社会科学文献出版社.

李奥梦，2021. 正定县典型淘宝村电商发展过程及其空间组织特征 [D]. 石家庄：河北师范大学.

李炳，赵阳，2014. 互联网金融对宏观经济的影响 [J]. 财经科学，（8）：21-28.

李波，2018. 乡村振兴与金融服务新要求 [J]. 中国金融，

（10）：65-67.

李博，董亮，2013. 互联网金融的模式与发展［J］. 中国金融，（10）：19-21.

李海舰，李燕，2019. 企业组织形态演进研究：从工业经济时代到智能经济时代［J］. 经济管理，（10）：22-36.

李海舰，李燕，2020. 对经济新形态的认识：微观经济的视角［J］. 中国工业经济，（12）：159-177.

李宏伟，2018. 农村金融综合改革探索的成都经验研究［J］. 西南金融，（4）：58-64.

李季刚，马俊，2021. 数字普惠金融发展与乡村振兴关系的实证［J］. 统计与决策，（5）：1-5.

李继尊，2015. 关于互联网金融的思考［J］. 管理世界，（7）：1-7，16.

李琳璐，2017. 国外互联网金融监管对我国的启示［J］. 财会通讯，（36）：116-119.

李尚远，2019. 我国互联网金融风险评估及防范对策研究［D］. 长沙：长沙理工大学.

李双，2020. 互联网金融背景下新型经营主体融资问题研究［M］. 成都：成都大学.

李鑫，2016. 众筹平台商业模式研究［D］. 广州：暨南大学.

李榛，2019. 改革开放40年中国农村金融发展变迁与思考［J］. 农村金融研究，（2）：72-76.

李智，2014. 关于"互联网金融"的几个关键概念辨析［J］. 中国商贸，（28）：109-110.

林莉芳，2019. 我国农村数字金融的运作模式及发展对策研究[J]. 农业经济，(2)：85-87.

刘存丰，2018. 通过两个案例看 PayPal 收款的风险及对策：基于出口商视角[J]. 中国市场，(34)：66-68.

刘进宝，何广文，2009. 中国农村中小型金融机构风险度量管理研究[M]. 北京：中国农业出版社.

刘清霞，2021. 呼和浩特市文化旅游发展中的政府职能研究[D]. 呼和浩特：内蒙古大学.

刘彤彤，吴福象，2020. 乡村振兴战略下的互联网金融与农村居民消费[J]. 福建论坛（人文社会科学版），(3)：115-125.

刘伟兵，2018. 探索农村金融改革模式：成都创新推进"农贷通"平台建设[J]. 中国金融家，(2)：127.

刘翔峰，2019. 深化要素市场化配置改革的思路[J]. 中国经贸导刊，(14)：53-56.

刘洋，2018. 我国农村数字金融运作模式、问题及转型[J]. 管理现代化，38（3）：10-12.

刘志成，2019. 要素市场化配置的主要障碍与改革对策[J]. 经济纵横，(3)：93-101.

罗兴，吴本健，马九杰，2018. 农村互联网信贷："互联网+"的技术逻辑还是"社会网+"的社会逻辑[J]. 中国农村经济，(8)：2-16.

罗韵轩，2008. 农村信用社改制转型中的流程再造研究：以农村商业银行模式为例[J]. 南方金融，(9)：42-45.

吕火明，等，2011. 农业科技创新能力建设研究[M]. 北京：

中国农业出版社.

马慧子，王向荣，王宜笑，2016. 中国情境下互联网金融的内涵、特征与风险 [J]. 商业经济研究，(21): 165-167.

苗文龙，2015. 互联网支付：金融风险与监管设计 [J]. 当代财经，(2): 55-65.

穆虹，2017. 加快完善社会主义市场经济体制 [N]. 人民日报，2017-01-01 (7).

聂凤英，熊雪，2018. "涉农电商" 减贫机制分析 [J]. 南京农业大学学报（社会科版），18 (4): 63-71+158.

牛翠萍，耿修林，2019. 第三方支付对我国 GDP 贡献和拉动作用的统计分析 [J]. 统计与决策，35 (15): 1-104.

皮天雷，赵铁，2014. 互联网金融：逻辑、比较与机制 [J]. 中国经济问题，(4): 98-108.

钱金叶，杨飞，2012. 中国 P2P 网络借贷的发展现状及前景 [J]. 金融论坛，17 (1): 46-51.

钱文荣，等，2021. 中国农村土地要素市场化改革探源 [J]. 农业经济问题，(2): 4-14.

任晓聪，和军，2016. 我国众筹融资的现状、问题及进一步发展的建议 [J]. 理论探索，(2): 87-91.

萨利姆·伊斯梅尔，[美] 迈克尔·马隆，[美] 尤里·范吉斯特. 2015. 指数型组织：打造独角兽公司的 11 个最强属性 [M]. 苏健，译. 杭州：浙江人民出版社.

苏岚岚，孔荣，2018. 农地抵押贷款促进农户创业决策了吗？：农地抵押贷款政策预期与执行效果的偏差检验 [J]. 中国软科学，

（12）：140-156.

苏岚岚，彭艳玲，2021. 数字化教育、数字素养与农民数字生活 [J]. 华南农业大学学报（社会科学版），20（3）：27-40.

粟芳，方蕾，2016. 中国农村金融排斥的区域差异：供给不足还是需求不足——银行、保险和互联网金融的比较分析 [J]. 管理世界，（9）：70-83.

孙同全，等，2019. 中国农村金融体制变迁70年 [J]. 农村金融研究，（10）：3-16.

孙妍，2021. 数字普惠金融的减贫效应研究 [J]. 中国商论，（9）：167-169.

孙彦哲，2019. 非银行支付机构跨境支付结算风险的控制对策研究 [D]. 杭州：浙江工商大学.

唐娟莉，朱玉春，2012. 农村公共品投资对农民收入影响实证分析 [J]. 西北农林科技大学学报（社会科学版），12（5）：32-37.

汪维清，张乐柱，王剑楠，2020. 我国农村数字金融业态模式、发展困境及应对策略 [J]. 农业经济，（11）：109-110.

王保乾，汪竹君，2019. 股权众筹融资效率测算及影响因素研究：基于SFA-面板回归模型 [J]. 工业技术经济，38（5）：29-37.

王楚智，2018. 浅谈互联网金融的风险及防控 [J]. 现代交际，（5）：70-71.

王聪，2017. 网络第三方支付的欺诈成因及反欺诈对策案例研究 [D]. 杭州：浙江大学.

王冬吾，2019. 国外P2P网贷大数据风控管理与经验借鉴 [J]. 西南金融，（2）：90-96.

王节祥，王雅敏，贺锦江，2020. 平台战略内核：网络效应概念演进、测度方式与研究前沿 [J]. 科技进步与对策，(7)：152-160.

王晶，2015. 互联网金融与传统金融的比较分析 [R]. 互联网报告.

王芹，罗剑朝，2018. 农村数字金融农户忠诚度影响因素研究 [J]. 西北农林科技大学学报（社会科学版），18 (6)：114-120.

王婉赢，2020. 农村互联网金融发展研究综述 [J]. 商业观察，(29)：66-67.

王喆，陈胤默，张明. 传统金融供给与数字金融发展：补充还是替代？：基于地区制度差异视角 [J]. 经济管理，43 (5)：5-23.

卫晓锋，2019. 数字普惠金融的风险与监管 [J]. 金融理论与实践，(6)：49-54.

魏昭，宋全云，2016. 互联网金融下家庭资产配置 [J]. 财经科学，(7)：52-6.

温涛，王煜宇，2018. 改革开放 40 年中国农村金融制度的演进逻辑与未来展望 [J]. 农业技术经济，(1)：24-31.

吴晓求，2014. 互联网金融的逻辑 [J]. 中国金融，(3)：29-31.

吴晓求，2014. 中国金融的深度变革与互联网金融 [J]. 财贸经济，(1)：14-23.

吴晓求，2015. 互联网金融：成长的逻辑 [J]. 财贸经济，(2)：5-15.

吴晓求，2015. 互联网金融：逻辑与结构 [M]. 北京：中国人民大学出版社.

吴振华，雷琳，2018. 基于三阶段 DEA 模型的农业土地生态效率研究：以河南省为例 [J]. 生态经济，34 (10)：76-80.

谢晗，2018. 我国互联网捐赠众筹的法律规制［D］. 广州：华南理工大学.

谢平，邹传伟，刘海二，2015. 互联网金融的基础理论［J］. 金融研究，（8）：1-12.

谢平，邹传伟，2012. 互联网金融模式研究［J］. 金融研究，（12）：11-22.

谢太峰，刘科，2019. 第三方支付对我国商业银行盈利水平影响的实证研究［J］. 金融理论与实践，（10）：65-71.

徐晋，张祥建，2006. 平台经济学初探［J］. 中国工业经济，（5）：40-47.

许恒，张一林，曹雨佳，2020. 数字经济、技术溢出与动态竞合政策［J］. 管理世界，（11）：63-79.

许庆华，2015. 互联网金融之第三方支付研究［D］. 上海：上海交通大学.

杨柳，2015. 基于安装基础理论的互联网金融跨界融合研究［R］. 互联网报告.

杨涛，2016. 中小型商业银行的经营模式及风险防范［R］. 互联网报告.

叶凡，2020，数字普惠金融的现状及对策研究［R］. 互联网报告.

殷小丽，2018. 互联网金融对产业结构升级的影响探析［J］. 现代经济探讨，（12）：110-114.

尹志超，张逸兴，于玖田. 2019. 第三方支付、创业与家庭收入［J］. 金融论坛，24（4）：45-57.

余刚，2018. 基于双向流通的涉农电商发展模式及策略［J］. 商业经济研究，（1）：115-118.

余文涛，吴士炜，2020. 互联网平台经济与正在缓解的市场扭曲[J]. 财贸经济，（5）：146-160.

张宏博，2018. 论第三方支付对于跨境电商 B2C 回款的适用性：以 PayPal [J]. 国际商务财会，（9）：60-64.

张江洋，2015. P2P 网络借贷平台的风险和法律监管研究 [J]. 法制博览，（33）：258.

张锦汇，2016. 浅析我国农村金融改革发展历程及改革趋向[J]. 新经济，（18）：62.

张静，2019. 解决农村金融贡献不平衡问题研究 [J]. 大庆社会科学，（2）：8-9.

张敬辉，2018. P2P 网络借贷平台监管的博弈分析 [J]. 金融理论与实践，（11）：69-72.

张李义，涂奔，2018. 互联网金融信息优势对同业市场利率影响的实证研究：基于商业银行经营决策分析 [J]. 财经论丛，（2）：47-57.

张龙耀，邢朝辉，2021. 中国农村数字普惠金融发展的分布动态、地区差异与收敛性研究 [J]. 数量经济技术经济研究，38（3）：23-42.

张清，2020. 数字普惠金融的创新、风险与监管研究 [D]. 成都：西华大学.

张权，2018. 基于顾客满意度理论的公共品供给效率研究 [J]. 当代经济研究，（4）：85-91.

张小宁，2014. 平台战略研究评述及展望 [J]. 经济管理，（3）：

190-199.

张艳芳，2010. 中国农村金融改革中的问题研究 ［J］. 当代经济管理，32（8）：89-91.

张益群，2018. 中国电子商务第三方支付的市场结构研究 ［D］. 北京：北京邮电大学.

张兆曦，赵新娥，2017. 互联网金融的内涵及模式剖析 ［J］. 财会月刊，（2）：84-91.

张正平，黄帆帆，数字普惠金融对农村劳动力自我雇佣的影响 ［J］. 金融论坛，26（4）：58-68.

赵刚，2015. 我国互联网金融运营模式及风险评估研究 ［D］. 南京：南京邮电大学.

赵练达，2020. 中国数字乡村建设问题研究 ［D］. 大连：辽宁师范大学.

赵岳，谭之博，2012. 电子商务、银行信贷与中小企业融资：一个基于信息经济学的理论模型 ［J］. 经济研究，47（7）：99-112.

郑浩，等，2018. 国内外第三方支付安全问题研究 ［J］. 商场现代化，（16）：103-104.

周鹏达，等，2017.“互联网+农村金融”视角下农户借贷行为研究 ［J］. 浙江金融，（8）：9-16.

周英，2016. 新一轮互联网金融改革对农业经济的影响 ［J］. 经济研究参考，（64）：73-76.

朱宗元，王景裕，2016. P2P 网络借贷平台效率的综合评价：基于 AHP-DEA 方法 ［J］. 南方金融，（4）：31-38.

庄雷，赵成国，2017. 金融创新效应：互联网金融的宏观效率研

究 [J]. 国际商务（对外经济贸易大学学报），(6)：121-131.

邹静，张宇，2021. 数字金融的研究现状、热点与前沿：基于 Cite Space 的可视化分析 [J]. 产业经济论，(5)：133-146.

ACHARYA R N, ALBERT K, 2004. Community banks and internet commerce [J]. Journal of Internet Commerce, 3 (1)：23-30.

ANONYMOUS. 1999. Confront e–commerce and security issues [J]. Credit Union Magazine, 65 (9)：25-37.

AZEVEDO, E. M., J. D. Leshno. 2016. A supply and demand framework for two-sided matching markets [J]. Journal of Political Economy, 124 (5)：1235-1268.

BERGER S. and F. Gleisner. 2009. Emergence of financial intermediaries on electronic markets：The case of online P2P lending [J]. Baseness Research, 2 (1)：39-65.

BREWER H. 2001. E–commerce and community banking [J]. Commercial Lending Review, 16 (3)：48.

CHAFFEE, C., and C. Rapp. 2012. Regulating on-line peer-to-peer lending in the aftermath of dodd-frank：In search of an evolving regulatory regime for an evolving industry [J]. Washington and Lee Law Review, 69 (2)：485-532.

CIBORRA, C. 2006. Imbrication of representations：Risk and digital technologies [J]. Journal of Management Studies, 43 (6)：1339-1356.

COASE, RONALD H. 1937. Some notes on monopoly price [J]. The Review of Economic Studies, 5 (1)：17-31.

BANKER D., A. CHARNES, W. W. COOPER. 1984. Some models

for estimating technical and scale inefficiencies in data envelopment analysis [J]. Management Science, 30 (9): 1078-1092.

DAHLMAN, C. J. 1979. The problem of externality [J]. The Journal of Law and Economics, 22 (01): 141-162.

FRIED, H. O., et al. 2002. Accounting for environmental effects and statistical noise in data envelopment analysis [J]. Journal of productivity Analysis, 17 (1): 157-174.

HAUSER, J. R., G. LIBERALI, G. L. 2014. Urban. Website morphing 2.0: Switching costs, partial exposure, random exit, and when to morph [J]. Management Science, 60 (6): 1594-1616.

HUI JS, GERBER E, GREENBERG M. 2012. Easy money? The demands of crowdfunding work [J]. Northwestern University, Segal Design Institute, 2012: 1-11.

LAURA L., LI J., J. LARRIMORE. 2011. Peer to peer lending: The relationship between language features, trust-worthiness, and persuasion success [J]. Journal of Applied Communication Research, (2): 111-124.

MICHAEL K. 2008. Peer-to-peer lending: Auctioning microcredits over the internet [C]. Proceedings of the International Conference on Information Systems, Technology and Management, (6): 1-8.

MOLLICK E. 2014. The dynamics of crowdfunding: An exploratory study [J]. Social Science Electronic Publishing, 29 (1): 1-16.

MOLLICK E. R., KUPPUSWAMY V. 2014. After the campaign: Outcomes of crowdfunding [J]. Social Science Electronic Publishing.

SHAHROKHI, M. 2008. E-finance: Status, innovations, resources and future challenges [J]. Managerial Finance, 34 (6): 365-398.

WILLIAMSON, O E. 1975. Markets and hierarchies: Analysis and antitrust implications: A study in the economics of internal organization [M]. London: Collier Macmillam Publishers.

附录　互联网金融大事记

扫描二维码可查看（如扫描二维码遇到问题可联系258699722@qq.com）。